身になる練習法

バスケットボール
ワンランクアップドリル

著　金子寛治 安城学園高校女子バスケットボール部監督

INTRODUCTION
はじめに

「いくつもの要素をトータルで考えた上で、タイミング良く、必要な練習を行いましょう」

バスケットボール選手として個々がうまくなる、またはチームとして強くなるというのは「パズル」に似ていると感じることがあります。いろいろな要素を考慮し、そして上手に組み合わせながら、強化を図る必要があるからです。

「パズル」のピースとしてまず強調したいのは「心・体・技」です。精神的な強さを土台とし、体の強さや大きさ、そして動くスピードなどを活かせるように技術を構築する必要があるということです。

その技術を個々が磨き、チーム力に反映させていく「練習」が本書のメインテーマとなりますが、実は大事なのは練習だけではありません。「練習・休養・栄養」という要素に対して、それぞれ同時に目を配る必要があるのです。いくつもの要素をトータルで考えた上で、タイミング良く、必要な練習を行うことが大切なのです。

そうしたパズルの組み合わせ方、すなわち「練習計画の立て方」については、最後の第8章で触れますが、その前に、個々の上達とチームの強化につながる練習を紹介していきます。相手チームに応じて、練習で培った個人能力やチーム力を活かして戦う準備をしましょう。

パズルのピースを一つずつ理解して、みなさんの練習にぜひ導入してみてください。

金子寛治

CONTENTS
目次

- 2 ──── はじめに
- 6 ──── 本書の使い方

第1章 ボールハンドリング&ドリブル

- 8 ──── Menu001 ボールストレッチ
- 10 ──── Menu002 ボールハンドリング
- 12 ──── Menu003 その場ドリブル①
- 14 ──── Menu004 その場ドリブル②
- 16 ──── Menu005 8の字ドリブル
- 17 ──── Menu006 スパイダー
- 18 ──── Menu007 連続チェンジ
- 20 ──── Menu008 さまざまなレッグスルー①
- 22 ──── Menu009 さまざまなレッグスルー②
- 24 ──── Menu010 インサイドアウトドリル
- 26 ──── Menu011 チェンジオブペースドリル
- 28 ──── Menu012 ツーボール・ライフキネティック
- 30 ──── Menu013 テニスボールドリブル
- 32 ──── Menu014 コンビネーションドリブル

第2章 アウトサイドプレー

- 34 ──── Menu015 素振り
- 36 ──── Menu016 ゴール下シューティング
- 38 ──── Menu017 ステイシューティング
- 40 ──── Menu018 半円シューティング
- 42 ──── Menu019 キャッチ&シュート
- 44 ──── Menu020 ミートシューティングの基本ドリル
- 46 ──── Menu021 ミートシューティングの応用ドリル
- 48 ──── Menu022 シェービングドリルの基本
- 52 ──── Menu023 シェービングドリルの応用
- 54 ──── column 1 ムービングスタンスの素振りも行おう

第3章 1対1

56	Menu024	ジャブステップ
58	Menu025	フリーズ
60	Menu026	忍び足の基本ドリル
62	Menu027	忍び足の応用ドリル
64	Menu028	インジェイル
66	Menu029	スクープショット（フローター）
68	Menu030	逆足のレイアップシュート
70	Menu031	逆手のレイアップシュート

第4章 インサイドプレー

72	Menu032	シール
74	Menu033	状況に応じたシール
76	Menu034	フロントターンドリル
78	Menu035	リバースターンドリル
80	Menu036	スピンターンドリル
82	Menu037	ショルダーフェイクの基本ドリル
84	Menu038	ショルダーフェイクの応用ドリル
86	Menu039	フェイク＆フックシュート
88	Menu040	足入れワンカウントドリル
90	Menu041	足入れツーカウント
92	Menu042	ギャロップステップ
94	Menu043	タップシュート
96	Menu044	タップパスからタップシュート
98	Menu045	マイカンドリル

第5章 ディフェンス

102	Menu046	ディフェンススタンス
104	Menu047	フットワークドリル
106	Menu048	サークルスライド
108	Menu049	ディナイドリル
110	Menu050	チームディフェンスドリル①リバースターン
112	Menu051	チームディフェンスドリル②フロントターン
114	Menu052	リバウンドドリル①（一線のボックスアウト）
116	Menu053	リバウンドドリル②（二線、三線のボックスアウト）
118	column 2	オフェンスリバウンドを工夫する

第6章 パス

120	Menu054	チェストパスドリル
122	Menu055	プッシュパスドリル
124	Menu056	2対1のパスドリル
126	Menu057	ラテラルパスの基本ドリル
128	Menu058	ラテラルパスの応用ドリル
130	Menu059	コーディネーションパスの基本ドリル
132	Menu060	コーディネーションパスの応用ドリル
134	column 3	シュート練習や5対5の中で正確なパスを

第7章 チームオフェンス

136	Menu061	ギブアンドゴーの基本ドリル
138	Menu062	ギブアンドゴーの応用ドリル①
140	Menu063	ギブアンドゴーの応用ドリル②
142	Menu064	3対0スクリーンプレーのドリル① (アラウンド〜アウェイにパラレルスクリーン)
144	Menu065	3対0スクリーンプレーのドリル② (アラウンド〜ダイブにバックスクリーン)
146	Menu066	3対0スクリーンプレーのドリル③ (アラウンド〜リピック&ダイブにバックスクリーン)
148	Menu067	オールコートの3対0スクリーンプレードリル (ピック&ダイブにバックスクリーン)
150	Menu068	ペイントエリアの2対2
152	Menu069	オールコートの2対2
154	Menu070	リトリート4対4
156	Menu071	ポストフィード

第8章 トレーニングの工夫

158	Menu072	トレーニング器具のいろいろ
160	Menu073	ストレッチポール
162	Menu074	チューブトレーニング
164	Menu075	パワーバッグ
166	column 4	鏡を有効に使ってフォームをチェックしよう

第9章 練習計画の立て方

168	「目標となる試合から逆算する」
170	「1週間、1日の練習リズムをつくる」
172	「時期に見合った取り組みを」
174	おわりに
175	著者プロフィール

本書の使い方

本書では、写真や図、アイコンなどを用いて、一つひとつのメニューを具体的に、よりわかりやすく説明しています。写真や"やり方"を見るだけでもすぐに練習をはじめられますが、この練習はなぜ必要なのか？　どこに注意すればいいのかを理解して取り組むことで、より効果的なトレーニングにすることができます。なお、時間や回数は目安です。練習の人数や選手個々のレベルに応じて適宜調整しましょう。

▶ 習得できる能力が一目瞭然

その練習メニューがどの能力の強化をねらったものなのか、また練習の難易度や実施回数や時間がわかります。自分に適したメニューを見つけて練習に取り組んでみましょう。

▶ なぜこの練習が必要か？

この練習がなぜ必要なのか？　実戦にどう生きてくるかを解説。また練習を行う際のポイントや注意点も示しています。

そのほかのアイコンの見方

練習を行う際の注意点や、NG例などを示しています

Level UP!

より高いレベルの能力を身につけるためのポイントや練習法です

掲載した練習方法の他に、やり方を変えたバリエーションを示しています

第 1 章
ボールハンドリング＆ドリブル

まずはボールを扱う基本技術の練習を紹介する。すべてのプレーの土台となる大切な練習なので、一つずつしっかりと、丁寧に取り組んでいこう。

ボールハンドリング&ドリブル

肩甲骨周辺の柔軟性を高める
ねらい

Menu 001 ボールストレッチ

▶主にねらう能力

難易度 ★★★★★
回数 各10回×1セット

やり方
1. ボールをフロアに置き、その前に座る
2. ゆっくりと体を倒し、左右の肩甲骨でボールをはさむようにして仰向けになる
3. 各種ドリルを行う（パターン1～4参照）

【パターン1】　手を天井に向けた状態で、ヒジをフロアにつけたり離したりする

【パターン2】　ヒジを腰に近づけて、「前にならえ」のような格好で腕を動かす

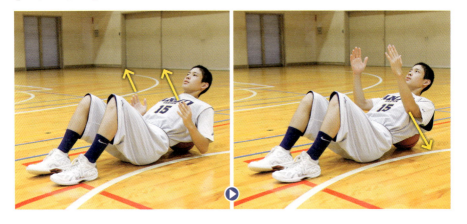

❓ なぜ必要？

肩甲骨周辺の可動域を広げる

シュート、ドリブル、パス、いずれのプレーを行う際にも、肩甲骨周辺の柔軟性がとても大切だ。その部位の可動域（動く範囲）を広げることによって、プレーのバリエーションが広がり、プレーの幅が広がる。

❗ ポイント

毎日継続して行う

ヒザを直角に曲げて体を安定させ、体のラインを真っすぐに保ったまま行う。長時間行うのではなく、<mark>毎日少しの時間で構わないので継続して行う</mark>ように心掛けよう。

【パターン3】 ヒジを曲げて開いた状態のまま、体の横で動かす

【パターン4】 逆側のヒジを持って、頭の下で引き寄せる

ボールハンドリング＆ドリブル

ボールを素早く体のまわりで動かせるようにする

002 ボールハンドリング

» 主にねらう能力

難易度	★★★★☆
回数	各20回

やり方

1. 体の前でボールを持って構える
2. パターン1～5の動きを連続で行う。合計で60秒以内で行う

？ なぜ必要？

ボールの動きに応じて体を動かす

前腕の力を鍛えながらボールを手に馴染ませることで、シュート、ドリブル、パスのプレーのレベルアップにつながる。そしてボールの動きに応じて、体をうまく動かせるようになる。

【パターン1】 腰の高さでボールをまわす。逆回転も行う

【パターン2】 ボールがないほうの足を上げて、その下にボールを通しながら左右に動かす

【パターン3】 ボールを持つほうの足を上げて、その下にボールを通しながら左右に動かす

【パターン4】 両足を開いてスタンスをとり、ボールを前から後ろに通しながら「8の字」に動かす

> ⚠️ **ポイント**
>
> ### 周りをみる
> 顔をしっかりと上げて行うこと。そうした習慣がまわりを見てプレーする動作につながる。

【パターン5】 両足を開いてスタンスをとり、ボールを後ろから前に通しながら「8の字」に動かす

> 📝 **Extra**
>
> ### ボールにとにかく触れる
> ボールを指の上でまわす遊びをはじめ、他にもいろいろなボールハンドリングメニューがある。空いている時間を利用してボールにたくさん触ることによって、ボールハンドリングは上達するので積極的に取り組んでほしい。

> ❌ **ここに注意！**
>
> ### 素早く行う
> 確実にゆっくりと行うのではなく、<mark>失敗してもいいから素早く行うこと</mark>。そしてボールを見たり、下を向いて行わないように注意する。

ボールハンドリング&ドリブル

強いドリブルを
つけるようにする

ねらい

Menu **003** その場ドリブル①

≫主にねらう能力

難易度 ★★☆☆☆
回数 各10回×1セット

やり方
1. ボールを持って、各種ドリブルメニューを行う（パターン1〜4参照）
2. 利き手だけでなく、逆の手でも必ず行うようにする

【パターン1】 軽くジャンプしながら体の横でボールを強くつく

? なぜ必要?

ディフェンスにとられにくい

強くボールをつけることによって、ディフェンスにとられにくくなる。手首や前腕の力を使う意識、そしてフロアから跳ね返ってくるボールの勢いをスムーズに受け止める感覚を身につける。

! ポイント　顔を上げる

ボールを見ないで行うこと。しっかりと顔を上げて前を向き、ボールの上半分を触ってコントロールする。

【パターン2】 体の横にあるボールを体の前につき、同じ手で受け止めて、再度、体の前について元に戻す

Extra

フロアを触る

ボールを強くついた手でフロアをいったん触ることで、強くつく意識や、ヒザ下でボールをコントロールする意識が備わりやすい。

ここに注意！

ボールを見ないように

バスケットボールを始めたばかりの選手はボールを見てしまうかもしれないが、できるだけボールを見ないようにしよう。

【パターン3】 パターン2のドリブルを低い位置で行い、ヒザの下でボールをコントロールする

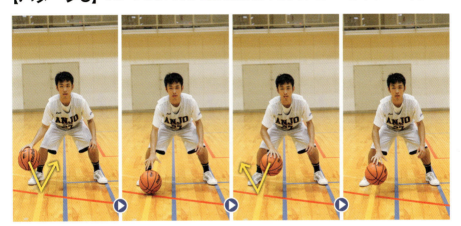

【パターン4】 ヒザ下でボールを触り、強くついて大きく引き上げながら左右にボールを動かす

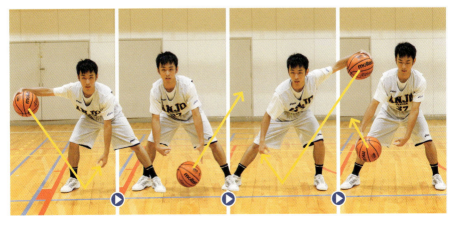

ボールハンドリング＆ドリブル

ねらい いろいろなところにボールをつけるようにする

Menu 004　その場ドリブル②

> 主にねらう能力

難易度 ★★☆☆☆
回数　各10回×1セット

やり方
1. ボールを持って、各種ドリブルメニューを行う（パターン5〜8参照）
2. 利き手だけでなく、逆の手でも必ず行うようにする

❓ なぜ必要？
試合の状況に応じたテクニック

いろいろなボールのつき方ができることにより、試合状況に応じたドリブルのテクニックが繰り出せるようになる。特に相手ディフェンスがプレッシャーをかけてきた時には、後ろにボールを引いたり、背後につくテクニックが使える。

【パターン5】両足を前後に開き、ボールをその間につきながら前後に動かす

【パターン6】パターン5のドリブルを低い位置で行い、ヒザの下でボールをコントロールする

ポイント
アームバーを使う

前後にボールを動かすドリブルでは特に、逆の手を「アームバー」として使い、相手ディフェンスからボールを守る体勢をとる。背後にボールをつく際には、肩甲骨周辺を柔らかく使う。このようなドリブルでも「ボールストレッチ」が活きる（P8参照）。

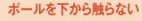

逆の手を下げない

ボールをつくのとは逆の手を下げたままだと、相手ディフェンスにボールを奪われてしまう。アームバーでボールを守ることが大切だ。

ボールを下から触らない

ボールを下から支えるようなドリブルだと、ダブルドリブルのミスにつながる。ボールの上半分を触ってコントロールするように心掛ける。

【パターン7】　低い姿勢で、背後にボールをついて左右に動かす

【パターン8】　あえて姿勢を高くし、より強くボールをつき、肩の高さあたりで受け止める動きを繰り返す

ボールハンドリング&ドリブル

ねらい 両足の間でボールを動かす テクニックを備える

Menu 005 8の字ドリブル

主にねらう能力

難易度 ★★★★☆
回数 5周

やり方
1. 両足を大きく開き、体勢を低くする
2. 小刻みにボールをつきながら、両足の間でボールを動かしていく

? なぜ必要?
レッグスルーにつながる

ボールハンドリングの能力を高めるとともに、両足の間にボールをつくドリブル「レッグスルー」につながる。また、体勢を低くしないとできない練習のため、正しい姿勢が自然に意識づけられる。

! ポイント
手や腕だけで柔軟に

できるだけ体を前後左右に動かさず、手や腕だけでボールコントロールを柔軟に行うように心掛ける。

ボールハンドリング&ドリブル

両足の間でボールを動かすテクニックを備える

Menu 006 スパイダー

» 主にねらう能力

難易度	★★★★☆
回数	5周

やり方

1. 両足を大きく開き、体勢を低くする
2. 体の前から右手、左手の順にボールをつき、すぐさま体の後ろに手をまわして、右手、左手の順にボールをつく

右手前 / 左手前

右手後ろ

左手後ろ

Level UP!
顔を上げてチャレンジ

難しい練習のため、最初はボールを見て行ってもOKだが、スムーズにできるようになったら、顔を上げてボールを見ないで行うドリブルにも挑戦する。

Extra
蜘蛛のような手さばきを

この練習は、手の動きが「蜘蛛」に似ていることから英語で「スパイダー」と呼ばれている。つまり、蜘蛛のような素早い手さばきが要求されるわけである。

ボールハンドリング&ドリブル

ドリブルチェンジを連続で繰り出せるようにする

ねらい

Menu **007** 連続チェンジ

≫主にねらう能力

難易度	★★★☆☆
回数	各1回×2周

やり方

1. 体の前にボールをついて左右に動かす（フロントチェンジ）
2. 両足の間にボールをついて左右に動かす（レッグスルー）
3. 体の後ろにボールをついて左右に動かす（ビハインド・ザ・バック）

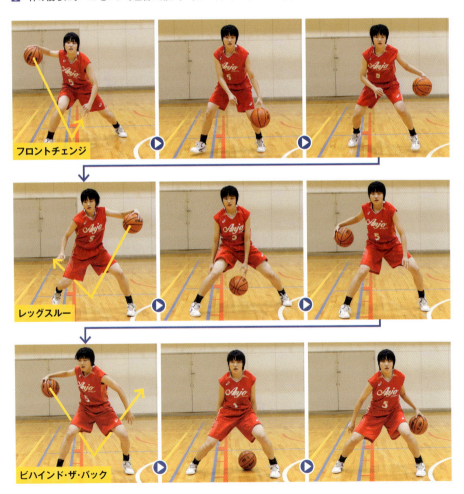

フロントチェンジ

レッグスルー

ビハインド・ザ・バック

❓ なぜ必要？

連続して繰り出す

ボールを左右に動かす「ドリブルチェンジ」の種類を複数備え、それらを連続して繰り出せるようにしておくことで、相手ディフェンスの動きに対応できるようになる。

❗ ポイント

ラインを使って行う

体育館に引かれているラインなどを使い、そのライン上で行うようにする。==前後左右にバランスを崩さず、安定した姿勢のまま==ドリブルチェンジを継続して行うようにする。

❌ ここに注意！

ボールを見ないで行う

ボールを見ないでできるくらいのレベルまで引き上げないと、試合では相手ディフェンスにスティールをねらわれるので注意しよう。

Extra

インサイドアウトにも挑戦

体の前にボールをつく「フロントチェンジ」に対して相手ディフェンスが対応してくるケースでは、体の内側（インサイド）から外側（アウトサイド）へとボールを動かす「インサイドアウト」が使える。そのドリブルからレッグスルーやビハインド・ザ・バックを連続して行ってみよう。

19

ボールハンドリング&ドリブル

ボールを両足の間に通して
ハンドリング能力を伸ばす

Menu **008** さまざまなレッグスルー①

≫主にねらう能力

難易度 ★★★★★
距離 7〜8m

やり方

1. センターラインとベースラインとの間、またはサイドラインから逆サイドのサイドラインまで各種レッグスルーを行いながら移動する
2. 利き手だけでなく、逆の手でも行う

【ワンハンドレッグスルー】

ボールを持っているほうの足を出して、両足の間にボールをつく。同じ手を逆側に移動させてボールを受け止め、同じ側の足を出して両足の間を通す

【ステイローレッグスルー】

ボールを持つ手とは逆の足を斜め前に大きく出して、両足の間にボールをつく。体勢をできるだけ低くし、逆の手でボールを受けて止める動作を繰り返す

? なぜ必要?

関節を柔軟に使ってボールを扱う

「ワンハンドレッグスルー」は、肩甲骨周辺を柔らかく使いながらボールハンドリングを高めるのに効果的。「ステイローレッグスルー」は股関節周辺を柔らかく使いながら体勢が低くなっても、ボールハンドリング能力を維持できるようにする。また、人間の関節のなかで可動域が広いのが肩関節と股関節である。そのため、ボールハンドリングだけではなく、走りや、ディフェンスのステイローにも柔軟性が影響してくる。

! ポイント

あえて難しい体勢で練習する

実際の試合ではこのようなドリブルになることはないが、あえて難しい体勢をとって練習をすることによって、通常のレッグスルーがスムーズに行えるようになっていく。

Level UP!

少しずつ顔を上げる

ワンハンドレッグスルーはやや難しい練習ではあるが、少しずつ顔を上げて、ボールを見ずにできるようになろう。

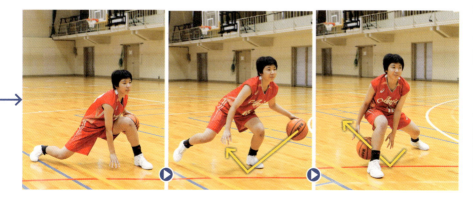

ボールハンドリング&ドリブル

いろいろなリズムのレッグスルーで実戦のプレーに近づけていく

ねらい

Menu **009** さまざまなレッグスルー②

》主にねらう能力

難易度 ★★★☆☆
距離 7〜8m

やり方

1. センターラインとベースラインとの間、またはサイドラインから逆サイドのサイドラインまで各種レッグスルーを行いながら移動する
2. 歩きながら2種類のレッグスルーを行う
3. スキップを踏みながら2種類のレッグスルーを行う

【ウォーキングレッグスルー①】

歩きながら、ボールを持っているほうとは逆の足を出して、両足の間にボールをつく。逆の手でボールを受け止める動作を繰り返す

【ウォーキングレッグスルー②】

歩きながら、ボールを持っているほうの足を出して、両足の間にボールをつく。逆の手でボールを受け止め、同じ側の足を出して両足の間を通す動作を繰り返す

なぜ必要？

リズムやスピードが
変わるなかでも正確に

足の出し方や、歩きながらとスキップを踏みながらなど、動くスピードやリズムが変わっても、ミスせずにドリブルを継続できるようにする。

! ポイント　ボールを強くつく

「ウォーキングレッグスルー」では、肩のラインまでボールが跳ね上がるくらいに強くつく。その時に体の真横でキャッチできるようにつくことがポイント。スキップを踏みながらでもそのドリブルをできるようにする。

✕ ここに注意！

足をしっかり開く

両足をしっかりと開かないと、ボールが足に当たってミスにつながるので注意しよう。

【スキップレッグスルー①】

スキップしながら、ボールを持っているほうとは逆の足を出して、両足の間にボールをつく。逆の手でボールを受け止める動作を繰り返す

【スキップレッグスルー②】

スキップしながら、ボールを持っているほうの足を出して、両足の間にボールをつく。逆の手でボールを受け止め、同じ側の足を出して両足の間を通す動作を繰り返す

ボールハンドリング&ドリブル

ねらい：ディフェンスの動きに対応してドリブルのテクニックを繰り出す

Menu 010　インサイドアウトドリル

》主にねらう能力

（スキル／アジリティ／フィジカル／チームワーク／ディフェンス）

難易度 ★★★★☆
回数 2回

やり方

1. センターラインとベースラインとの間、またはサイドラインから逆サイドのサイドラインまで各種フェイクを行いながら、ドリブルで移動する

【逆側にフェイクしてストレート】 ボールを持っていない方向に進むふりをして、ストレートに（真っすぐ）ドリブルする

【フロントチェンジへ切り換え】 ストレートに（真っすぐ）ドリブルするふりをして、フロントチェンジに切り換える

？なぜ必要？

相手の動きに応じて繰り出す

一つのアクションを起こすと、ディフェンスはいろいろな対応をしてくる。それに対して適切なドリブルを繰り出せるように、いくつかのテクニックを用意しておく。

！ポイント
振り向いた瞬間に注意

ロールターンでは一瞬、ディフェンスやゴールが見えなくなる。それだけに素早くターンすることと、振り向いた瞬間に相手にボールを取られないように気をつける。

Level UP!
ディフェンスをつける

1人でもできる練習だが、ディフェンスをつけるとより効果的。ディフェンスのプレッシャーを少しずつ強めて、試合に近づけていこう。

【レッグスルーへ切り換え】
ストレートにドリブルするふりをして、レッグスルーに切り換える

【ビハインド・ザ・バックへ切り換え】
ストレートにドリブルするふりをして、ビハインド・ザ・バックに切り換える

【ロールターンへ切り換え】
ストレートにドリブルするふりをして、ロールターンに切り換える

ボールハンドリング&ドリブル

スピードの変化で一気に抜き去る突破力を身につける

Menu **011** チェンジオブペースドリル

≫主にねらう能力

難易度 ★★★★☆
回　数 2回

やり方

1. ボールマンとダミーディフェンスが対峙する
2. ボールマンはドリブルしながら、ボール側の足を踏み出す
3. スピードの変化を使いながら各種ドリブルテクニックを繰り出し、ディフェンスを抜き去る

❓ なぜ必要？

スピードの変化を使う

自陣から敵陣にボールを運ぶ時、または相手ディフェンスを抜き去ってゴールへと向かう際に、スピードの変化を上手に使う。

❌ ここに注意！

逆足で踏み出さない

最初に踏み出す足が逆足（ボール側でない足）だと、オープンステップではなくクロスステップになる。このステップを踏んで抜こうとした際にディフェンスにコースに入られると、相手やゴールを背にする格好になってしまうので気をつけよう。

❗ ポイント①

「オープンステップ」

ボールマンはディフェンスに近づき、ボールをついている側の足を踏み出すことがポイント。この「オープンステップ」を踏むことによって、ディフェンスがコースに入ってきた際に、次のドリブルチェンジへと移行しやすくなる。

❗ ポイント②

ステップの踏み方も意識する

インサイドアウトを左手ドリブルで行う場合、ステップは［左・右・左］の3歩で2ドリブル（2、3歩目＝ストレートを抜く時）となる。チェンジオブペースを左手ドリブルで行う場合は、ステップは［左・右・右・左］の4歩で2ドリブル（2、4歩目＝ストレートを抜く時）となる。

【フロントチェンジ】

【レッグスルー】

【ビハインド・ザ・バック】

【ロールターン】

ボールハンドリング＆ドリブル

2つのボールを使って技術と判断力を同時に鍛える

Menu 012 ツーボール・ライフキネティック

» 主にねらう能力

難易度 ★★★☆☆
距離 4～5m

やり方

1. センターラインとベースラインとの間、またはサイドラインから逆サイドのサイドラインまで2つのボールをつきながら前進する
2. パートナーが両手でランダムに指を立て、両手の指の本数を足し算や掛け算をして、それを声に出して答える
3. 前進してラインに到達したら、ドリブルを継続しながら下がって元の位置まで戻る

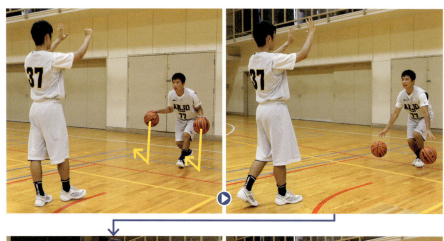

❓ なぜ必要？

技術と判断力を同時に磨く

利き手だけでなく、逆の手も利き手と同じ強さでボールをつけるようになる。また、顔を上げてパートナーの指の本数を答えることによって、ドリブルの姿勢や判断力が身につく。

❗ ポイント

左右の手を同じレベルに

同時につくドリブルを行う場合、最初は利き手のほうが強いはず。左右両手が同じ強さになるように、**特に利き手のレベルに逆の手も追いつく努力をしよう。**

Arrange
ボールのつき方をいろいろ変えながらやってみよう

【ツーボールを交互につく】

【ツーボールを前後に同時につく】

【ツーボールを前後に交互につく】

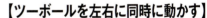

【ツーボールを左右に同時に動かす】

【ツーボールを同時に内側から外側へと動かす】

【ツーボールのうち、どちらかを高く、もう一方を低くつく】

ボールハンドリング&ドリブル

顔を上げてプレーする習慣を身につける

ねらい

Menu **013** テニスボールドリブル

》主にねらう能力

難易度 ★★★★★
時間 2〜3分

やり方

1. ボールマンと、テニスボールを持つパートナーが3メートルくらい離れる
2. ボールマンはその場でドリブルを行い、パートナーが投げたテニスボールをキャッチする
3. 逆の手でも行う
4. フロントチェンジしてからのキャッチも行う

なぜ必要？

新たな刺激を加える

ドリブルの練習は単調になりがちで飽きやすい。そこでテニスボールをキャッチするというノルマを設けることで、新たな刺激が練習に加わる。

ポイント

顔を上げる習慣をつける

テニスボールをしっかりと見なければキャッチできないため、**顔を上げてボールをつく習慣がつく**。アレンジで紹介するような難しいドリルに積極的にチャレンジすることが大切だ。

Arrange

1人でもやってみよう

【フロントチェンジを2回連続で行ってからキャッチ】

【レッグスルーを2回連続で行ってからキャッチ】

【ビハインド・ザ・バックを2回連続で行ってからキャッチ】

ボールハンドリング&ドリブル

相手のリズムでドリブルをついてパス交換する

ねらい

Menu 014　コンビネーションドリブル

》主にねらう能力

（レーダーチャート：スキル／アジリティ／フィジカル／チームワーク／ディフェンス）

難易度　★★★★☆
回数　10回

やり方
1. 2人がボールを持ち、3メートルくらい離れる
2. 選手Aは、選手Bと同じドリブルを行う
3. 選手Bがパスの動作に入ったら、選手Aもパスする
4. お互いに役割を交代して行う

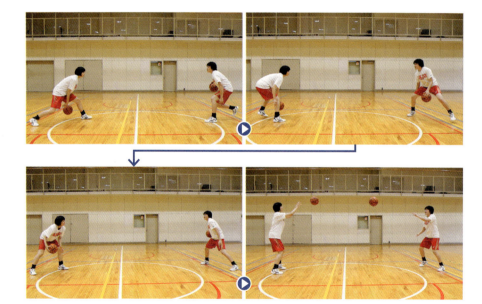

? なぜ必要?
相手の動きに合わせる

試合では自分のリズムだけでなく、相手ディフェンスやチームメートの動きに合わせてドリブルをつくテクニックが必要となる。そこで、まずはパートナーのリズムでボールをつけるようにしていこう。

Level UP!
さまざまなドリブルを行う

フロントチェンジだけでなく、レッグスルー、ビハインド・ザ・バックなども取り入れて、ドリブルのリズムを合わせるのを難しくさせよう。

第2章
アウトサイドプレー

シュートの基本動作から、シュートに持ち込むためのステップまで、この章ではアウトサイドエリアでのプレーの練習メニューを紹介する。

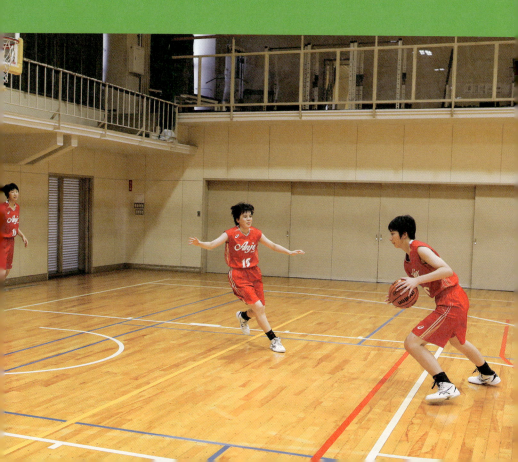

アウトサイドプレー

ボールを使わないでシュートフォームを確認する

Menu 015 素振り

>> 主にねらう能力

難易度 ★★★☆☆
回数 100回

やり方
1. ボールを持たないで、シュートの構えをとる
2. 実際にボールを持っているとイメージし、シュートの動きをする
3. 自分で鏡を使って見たり、監督やチームメートに見てもらってシュートフォームを確認する

ポイント
・肩幅くらいの「スタンス」
・「背筋」を伸ばす
・ボールがゴールの真上から入るように「アーチ（弧）」を描かせる
・「フォロースルー」を残す
・「スナップ（手首の力）」を適度に使う

【ツーハンド（両手）シュートの素振り】

なぜ必要？

フォームを固める

いつも同じフォームでシュートを打てるようになることで安定して決まるようになる。ボールを使ってシュートフォームを確認しようとすると、シュートを決めることに意識が向きすぎてフォームを確認しにくいので、まずは素振りを繰り返して、フォームをしっかりと固めよう。

Extra
状況に応じて切り換える

世界に目を向けるとワンハンドシュートが主流で、日本でもそれに沿った強化が進められている。ただし、3ポイントシュートなど遠い距離からのシュートがどうしても届かない選手がいるのが実情だ。そこで3ポイントシュートはツーハンドシュートを使い、必要に応じてワンハンドシュートに切り換えるのも選択肢となる。

【ワンハンドシュートの素振り】

アウトサイドプレー

ボールの持ち方、力の伝え方を意識する

ねらい

Menu 016 ゴール下シューティング

» 主にねらう能力

難易度 ★★★☆☆
回数 50本

やり方

1. ボールを持って、ゴールの近くで構える
2. ゴールの左右どちらかからシュートを決める
3. 逆側からシュートを決める
4. ゴールの正面からシュートを決める

？ なぜ必要？

力の伝え方を確認する

遠い距離からのシュートばかりではシュートフォームが安定しない。特に練習を開始して早々は、**ゴール下のシュートでボールの持ち方や、下半身から上半身への力の伝え方を確認することが大切だ。**

Level UP!

距離を伸ばしていこう

ゴール下シュートが安定してきたら、少しずつ距離を伸ばしていく。たとえゴールまでの距離が広がっても、シュートフォームを変えないこと。シュートが決まらなくなったら、またゴール下シュートに戻ってみよう。

！ ポイント①

身につけたフォームを意識

素振り（P34）で行ったシュートフォームを意識してシュートを打ってみよう。その際にバックボードにボールを当てず、ゴールの真上からボールが入るようにシュートを打つこと。そうすれば、落下してきたボールを、軸足をフロアから離さずに腕を伸ばして拾うことができる。

Extra

基本練習はすべての土台

ＮＢＡの往年のスーパースター、ラリー・バードは試合前、このゴール下シュートにかなりの時間をかけていたのは有名な話。3ポイントシュートをはじめとするスーパープレーは、このような基本練習がベースになっている。

▲ゴールに対して右から、正面からもシュートを決める

！ ポイント②

手首とヒジのムチの感覚も大切

シュートのセットの際に、ボールを額から離してセットからリリースの距離を短くすると、シュートはブレにくくなる。ただし、リリースの距離が短いぶんボールに伝わるエネルギーが少なくなるので、安定した軌道でシュートを強く打つためには手首のムチ、ヒジのムチを上手に使う感覚が必要になってくる。

アウトサイドプレー

左右両方のステップで、真っすぐに打てるようになる

ねらい

Menu 017 ステイシューティング

> 主にねらう能力
> （スキル・アジリティ・フィジカル・チームワーク・ディフェンス）
> 難易度 ★★★☆☆
> 回数 10回

やり方

1. 正面から2～3mの距離でボールを持って構える
2. フロアにボールを弾ませて、そのボールをキャッチしてシュートを決める
3. 右に弾ませて左－右のステップ、左に弾ませて右－左のステップの両方を行う
4. 違うスポットからも同じように決められるようにする

? なぜ必要？

左右のステップの差を埋める

右にあるボールに対して左ー右のステップを踏むのと、左にあるボールに対して右ー左のステップを踏むのとでは、シュートに持ち込む感覚が違う。その差を埋めるために、両方のステップを1人でも練習しておく。

！ポイント 「東京タワー」のイメージ

ボールをキャッチしてスタンスをとった時、両足をゴール方向に向けて、いわば「東京タワー」のような形状のイメージを持とう。ただし内股になり過ぎないように注意すること。ボールが真っすぐに向かって飛ぶようにシュートを打つ。

Level UP! 徐々に距離を伸ばす

ゴールから3メートルくらいのミドルシュートが決まるようになったら、少しずつ距離を広げて3ポイントシュートでも同じように行う。

アウトサイドプレー

ゴールに対して、どの角度からも決められるようにする

ねらい

Menu 018 半円シューティング

▶主にねらう能力

難易度 ★★★
回数 20本

やり方

1. 左右どちらかの制限区域のラインに立ち、パートナーがゴール下でボールを持つ
2. パートナーからのパスを受けてシュートを決めたら、制限区域のラインに沿って移動していく
3. 逆側まで達したら、同じようにシュートを打ち、左右両方のステップで行うようにする

なぜ必要？
どの角度からでも決める

シュートを打つスポットに得手不得手があると、相手ディフェンスに対応されやすくなる。そこでどの角度からでもシュートを決められるようにしておく。

ポイント
踏み込みを意識する

パスを受ける前に、ターゲットハンドを出し、ヒザを曲げて低い姿勢で構える。最初に踏み込んだ足で、走ってきたスピードを止めて、次の踏み込みで体を安定させる意識を持つことで、スムーズにシュートを打てる。

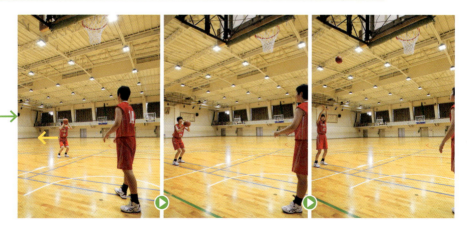

アウトサイドプレー

キャッチしてからのシュートモーションを速くする

ねらい

Menu 019 キャッチ&シュート

≫主にねらう能力

スキル／ディフェンス／アジリティ／チームワーク／フィジカル

難易度 ★★★☆☆
回数 10〜20本×数セット

やり方

1. シュートを打つ選手は制限区域のライン上にポジションをとり、パートナーはゴール下でボールを持つ
2. ゴール下からのパスをキャッチして、下記2パターンのストップから、シュートを打つ
3. パートナーがリバウンドボールを拾い、時間や本数を決めて行う

？なぜ必要？

不得意エリアを重点的に練習

制限区域を左右、正面の3つのエリアに分け、一つのエリアだけで左右に移動しながらシュート練習を進める方法もある。特に不得意とするエリアがある場合など、一つのエリアで重点的に行うと効果的だ。

【片足ずつ着地させるストライドストップ】

左足

右足

ポイント 止まり方を使い分ける

両足同時に着地させて止まる「ジャンプストップ」と、片足ずつ着地させて止まる「ストライドストップ」を使い分けられるようにする。パスをキャッチして、ワンカウントで打つならジャンプストップ、動くスピードをしっかりと止めるのであればツーカウントの「ストライドストップ」が基本となる。

Extra
「ワンドリブルシュート」もやろう

パスを受けてからそのままシュートを打つ練習だけでなく、一度フロアにボールをついてからシュートを打つ「ワンドリブルシュート」のスキルも備えておこう。右について左－右のステップだけでなく、左について右－左のステップも行う。

【両足同時に着地させるジャンプストップ】

両足同時

アウトサイドプレー

横からのパスを受けた後、ゴールに体を向ける

ねらい

Menu 020 ミートシューティングの基本ドリル

≫主にねらう能力

難易度 ★★★☆☆
回　数 1組2回（左右各1回）

やり方

1. 左右のウイングのエリアにそれぞれ列をつくり、最初にシュートを打つ選手以外の全員がボールを持つ
2. ボールを持たない選手がフリースローラインに向かって走り込み、逆側からのパスを受ける
3. ゴールに正対してシュートを決める
4. パスを出した選手が走り込み、同様に行う
5. シュートを打ったら、ボールを拾って逆の列に並ぶ

? なぜ必要?
しっかり止まってシュートを決める

試合では体の正面からだけでなく、横からのパスを受けるケースが多い。そういう場面で確実にパスを受けて、しっかりと止まり、ゴールに体を向けてシュートを決められるようにする。

Extra
左右を同じ感覚で

左右両方から走り込むことによって、右からのパスに対して左-右のステップ、左からのパスに対して右-左のステップを踏むシュート練習となる。どちらでも同じ感覚でシュートを打てるようになることが大切だ。

ポイント
つま先とヒザの向きを意識する

止まる時に、パスを出す選手のほうに足先を向けるとゴールに体を向ける際に時間をロスしてしまう。そこでパスを受けながら、つま先とヒザをゴールの方向に向けて止まる。こうすることによって体が安定し、コンスタントにシュートが決まるようになる。

ここに注意!
しっかりと止まる

走るスピードを止められないと体が流れてしまう。これではシュートが左右にぶれる。しっかりと止まれているかどうかの目安は、ジャンプを開始した付近に着地できているかどうかだ。

アウトサイドプレー

ドリブルでズレをつくってから、シュートに持ち込む

ねらい

Menu 021 ミートシューティングの応用ドリル

≫主にねらう能力

難易度 ★★★★☆
回数　1組2回(左右各1回)

やり方

1. P44のミートシューティングの流れでパスを受ける
2. 次の3パターンのようにドリブルをついてからシュートを打つ
3. 自分のボールを拾って、逆の列に並ぶ

【ストレートにドリブルする】

【ボールをクロスオーバーさせる】

? なぜ必要？

ズレをつくる

パスを受けた瞬間、相手ディフェンスはシュートを警戒して間合いをつめてくるため、ドリブルでズレをつくれるようにしておく。ストレートに（真っすぐ）ボールをつくのに加え、ボールをクロスオーバーさせてから逆側についたり、斜め後方にステップバックするパターンも備えておく。

! ポイント

ドリブルは最小限でシュートを打つ

ゴール下に相手ディフェンスがいなければ、レイアップシュートに持ち込むのも手だが、ジャンプシュートを打つことを最優先にするのであれば、最小限のドリブルでシュートに持ち込むのが基本。何度もドリブルをついていたら相手ディフェンスに対応されてしまうからだ。

【ステップバックで斜め後方に下がる】

× ここに注意！

トラベリングに注意

ボールを突き出す時に、軸足がフロアから離れると、トラベリングをとられて相手ボールになってしまうので注意しよう。攻撃面でよく見られるミスの一つだ。

アウトサイドプレー

次のプレーにスムーズに移行するためのステップを覚える

ねらい

Menu **022** シェービングドリルの基本

》主にねらう能力

難易度 ★★★★☆
回　数　1組2回(左右各1回)

やり方

1. ゴール下の左右にそれぞれ列をつくる
2. 1人がフリースローライン方向に走り、各種ステップを踏んで逆側からのパスを受ける
3. パスを出した選手がダミーディフェンスとなり、間合いをつめる
4. パスを受けた選手は、ドリブルでゴールに向かい、最初のステップと同じ止まり方をする
5. 次に走り込む選手にパスを出して、そのままダミーディフェンスとなり、間合いをつめる

なぜ必要？ スムーズに移行するための止まり方を意識

試合では相手ディフェンスの状況、またはチームメートの動きに応じて、次のプレーを判断する必要がある。シュート、ドリブル、パス、いずれのプレーにもスムーズに移行できるように、いくつかの止まり方を用意しておく。

ポイント フロントターンが基本

このページで紹介しているのは、前向きでパスを受けながら、フロントターン（前まわり）でゴール方向にドリブルする基本パターンだ。この止まり方がシュートに持ち込みやすいが、相手ディフェンスが間合いをつめてきた場合などは、次のページから紹介する別の止まり方が必要となる。

Extra 何でもできる姿勢に

この練習ではパスを受ける際に前向き－前まわりで止まった場合、ドリブルを止める時にも同じように「前向き－前まわり」を使うことを約束事とする。そしてパスを受けた時にしっかりとゴールを見て、シュート、ドリブル、パス、何でもできるトリプルスレットの姿勢をとる。

【前向き前まわり】
前向きでパスを受け、前まわり（フロントターン）で次のプレーに移行する

【前向き後ろまわり】
前向きでパスを受け、後ろまわり（リバースターン）で次のプレーに移行する

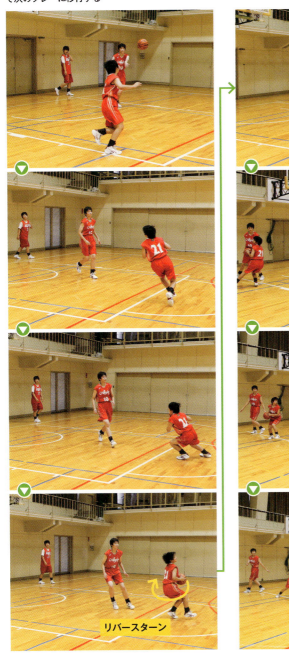

リバースターン

【後ろ向き後ろまわり】
後ろ向きでパスを受け、後ろまわり（リバースターン）で次のプレーに移行する

リバースターン

【後ろ向き前まわり】
後ろ向きでパスを受け、前まわり（フロントターン）で次のプレーに移行する

フロントターン

アウトサイドプレー

パスの受け方、止まり方を増やしていく

ねらい

Menu 023 シェービングドリルの応用

≫主にねらう能力

難易度 ★★★★☆
回数　1組2回（左右各1回）

やり方

1. P48〜51のシェービングドリルの流れでパスを受ける
2. 各種ステップを行ってからドリブルし、同じステップで止まる
　　※各パターンの写真は、パスを受けた後のステップまで
3. 次に走り込む選手にパスを出す

【ステップアウト】　ゴール側の足（写真では右足）でフロアを蹴ってステップアウトする

【ドロップステップ】　後ろ向きで受けるふりをしてワンカウントで前に向く

【前キック】 ボール側の足（写真では右足）を踏み出すオープンステップを踏む

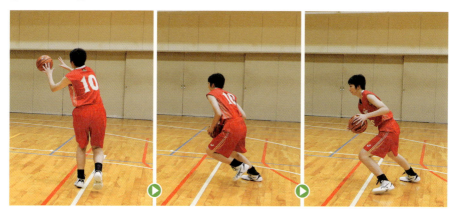

【後ろキック】 後ろ向きでキャッチした後、ボール側の足を踏み出す

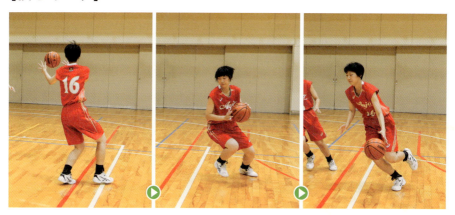

【ジャンプストップ】 両足同時に着地させるジャンプストップを使う

column 1　ムービングスタンスの素振りも行おう

　止まっている状態でシュートが入るようになっても、パスを受けるなどの動きが入るとシュートが決まりにくくなる場合があります。そういう場合には、実際に動いてスタンスをとり、素振りを行ってみましょう。この「ムービングスタンス」からの素振りを行い、自分のシュートフォームを確認してから、パスやドリブルからのシュートを打ってみてください。

　もう一点追記しておきたいのは、シュートフォームは人それぞれということです。アメリカでは手首とヒジを直角に曲げる「2L（エル）」が主流です。Lの文字が直角であることからこう呼ばれています。

　その一方で、「ヒジを支点にしてシュートを打つ」ことを強調する指導者もいます。どちらも間違いではありません。選手それぞれの特性に見合ったシュートフォームをつくり、固めていくことこそがとても大事なのです。

第3章
1対1

試合に勝つためには、目の前の相手に勝つことが大切。
1対1を制する技術を身につけよう

1対1

相手ディフェンスと駆け引きする

Menu 024　ジャブステップ

▶主にねらう能力

難易度 ★★★★☆
回数　2回

やり方

1. ゴールから離れたエリアで1対1の状況をつくる
2. フリーフット（自由に動かせる足）を前に踏み込む
3. 相手ディフェンスの対応によって、シュートを打つかドライブインに持ち込むか判断する
4. シュートを決める

【ジャブステップからスライドクロスのドライブイン】

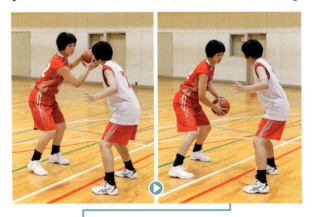

? なぜ必要？

ディフェンスにゆさぶりをかける

パスを受けてから何もアクションを起こさなければ、ディフェンスにとって都合のいい間合いで守られてしまう。そこで相手ディフェンスに揺さぶりをかけて、1対1を優位に進められるステップを身につけておく。ボクサーがジャブを放つ際のステップに似ているところから「ジャブステップ」と呼ばれている。

⚠ ポイント
体のバランスが崩れないように

写真では左足を軸足とし、右足をフリーフットとしてジャブステップを踏んでいるが、<mark>逆足でもできるようにしておく</mark>こと、そしてジャブステップを踏み込む時に、体のバランスが崩れないようにすることがポイント。次のプレーへとスムーズに移行するためだ。

Extra
ボールの動かし方も意識する

ジャブステップを行う際には、ボールの動かし方を工夫するとより効果的だ。最初からステップを踏む方向にボールを持っていると相手にプレーを読まれてしまうので、ディフェスのバランスが崩れるようなボールの動かし方をする。写真のようにボールを左右に大きく動かすプレーを「スワイプ」と言う。

【ジャブステップからクロスオーバーのドライブイン】

【ディフェンスとの間合いを広げてジャンプシュート】

1対1

ねらい ディフェンスの動きを「凍らせて」ドライブインに移行する

Menu 025 フリーズ

≫主にねらう能力

難易度 ★★★★
回数 2回

やり方
1. ゴールから離れたエリアで1対1の状況をつくる
2. フリーフット（自由に動かせる足）を大きく前に踏み込む
3. 相手ディフェンスの動きを止める
4. ドライブインに持ち込んでレイアップシュートを決める

【スライドクロスからフリーズしてドライブイン】

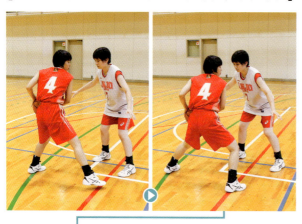

? なぜ必要?

相手を静止させる

自分のプレーのリズムでドライブインに持ち込むのではなく、**相手ディフェンスの動きが静止したタイミングでドライブイン**を仕掛けられるようにする。

⚠ ポイント
大きく踏み込む

動き自体は P56 のジャブステップと同様にフリーフットを踏み込むが、違うのはそのステップの大きさと、基本的にステップを戻さないこと。==大きくステップを踏み==ディフェンスの動きが止まった瞬間、ボールマンが相手ディフェンスより先にゴールへと向かうことでシュートチャンスが生まれる。その時の==ボールの突き出しを大きくする==とディフェンスは対応できなくなる。

Extra
ボールを上でも動かす

ボールを下で動かすスワイプだけでなく、ボールを頭上で動かしながらクロスオーバーするプレーもぜひ有効に使ってほしい。ボールを動かしながらステップを踏んだ時に、相手ディフェンスからボールが見えないようにキープすることで、1対1の駆け引きを優位に進めることができる。

【スワイプからフリーズしてクロスオーバーのドライブイン】

【ボールを上で動かしてからフリーズしてクロスオーバーのドライブイン】

1対1

間合いをつめてくる相手に対しての駆け引きを覚える

Menu 026　忍び足の基本ドリル

≫主にねらう能力
（レーダーチャート：スキル、アジリティ、フィジカル、チームワーク、ディフェンス）

難易度 ★★★★☆
回数 2回

やり方
1. ゴールから離れたエリアで1対1の状況をつくる
2. ディフェンスはボールマンとの間合いをつめる
3. そのディフェンスに対してボールマンが駆け引きする

【フリーフット側のドライブイン】

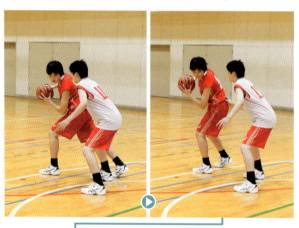

? なぜ必要?

駆け引きを身につける

シュートを警戒するディフェンスは、ボールマンに対して間合いをつめて対応してくる。たとえ<mark>コンタクトされるくらいにディフェンスされてもシュートチャンスをつくられるような駆け引き</mark>を身につけておく。

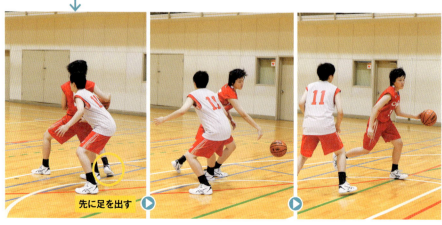

先に足を出す

ポイント
逆をついてドライブイン

相手ディフェンスの先手をとるのがポイントだ。写真で言うと、相手ディフェンスを背にした状態で、相手がボールに目を向けているすきに、フリーフットである右足をドライブインのコースに入れる。その動きに対応されたら、今度はボールを先に逆側へとついてドライブインに移行する。

Extra
ゴールへの最短距離

最初にボールを突き出す時に、<mark>ディフェンス側の手でボールをつくことによって、相手を抜きやすくなる</mark>。それはゴールへの最短距離のコースをとれるからだ。P60の写真では右手で、P61の写真では左手でドリブルをついているのにはそうしたねらいがある。

【ピボットフット側のドライブイン】

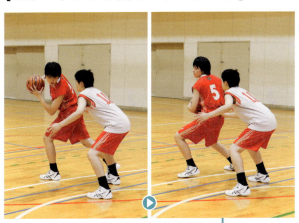

✕ ここに注意!
素早くボールを動かそう

ディフェンス側の手でボールを動かしているにも関わらず、ゆっくりと動かしているとスティールされてしまうので注意しよう。相手に読まれないタイミングで素早く動かすことが大事だ。

1対1
「忍び足」からの バリエーションを増やしていく

Menu 027 忍び足の応用ドリル

≫主にねらう能力

難易度 ★★★★★
回数 2回

やり方
1. P60と同様に、ゴールから離れたエリアで1対1の状況をつくる
2. ディフェンスはボールマンとの間合いをつめる
3. そのディフェンスに対してボールマンが駆け引きして、シュートに持ち込むバリエーションを増やす

【ピボットフット側のドライブインからフロントチェンジしてドライブイン】

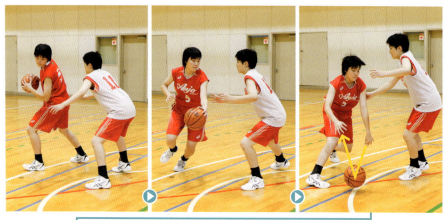

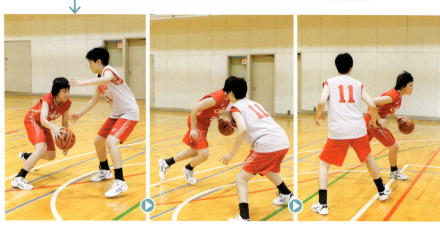

❓ なぜ必要？
奥の手を用意する

P60で紹介した「忍び足」のプレーに対してディフェンスが対応した時の、奥の手を用意しておく。いくつものバリエーションを備え、臨機応変に繰り出すことによって1対1を優位に進めることができる。

❗ ポイント
プルバックは効果的

相手ディフェンスやゴールを背にしている状態からまずはそれらに対して正対すること。そうしてフロントチェンジなどのテクニックなどを使いながら間合いをつくっていく。特にドライブインを警戒して下がるディフェンスに対しては「プルバック」が効果的だ。ボールを引き（プルし）ながら、下がる（バックする）ことからこう呼ばれている。

【ピボットフット側のドライブインから連続フロントチェンジしてジャンプシュート】

【ピボットフット側のドライブインからプルバック】

1対1

ブロックをねらう相手ディフェンスの動きを封じ込める

Menu **028** インジェイル

≫主にねらう能力

難易度 ★★★★☆
回数 2回

やり方

1. ボールマンはウイングからコーナーにかけてのエリアにポジションをとる
2. ダミーディフェンスが対峙する
3. ボールマンはベースラインドライブを行い、ディフェンスにブロックされないようにゴール下シュートに持ちこむ

❓ なぜ必要?

ディフェンスできない状況をつくる

ボールマンがシュートを打とうとした際に、ゴールとの間に相手ディフェンスがいるとブロックされやすい。そこでゴールへのコースを確保しながら、ディフェンスがブロックできないような状況をつくれるようにする。

ポイント
「3点」をねらえるプレー

ゴール近くで相手ディフェンスを背にするような体勢をつくりシュートのコースを確保する。その際には相手とコンタクト（接触）する状況となりやすい。たとえ相手とぶつかっても、バランスを崩さずシュートを打ち切ることが大切。それが決まると、バスケットカウントのボーナススローがもらえる可能性が高まるだけに「3点」をねらえるプレーなのだ。

Level UP!
スピードとパワーの使い分け

ドライブインのスピードに乗ってレイアップシュートを決める際にはランニングステップから決めるのが効果的。だが、相手ディフェンスとのコンタクトでパワーを発揮したい時にはジャンプストップで止まったほうが、体を安定させてシュートに持ち込める。

Extra
牢屋に入っている状態

「インジェイル」を直訳すると、相手を「牢屋に入っている状態」にすることを意味する。つまり体で相手の動きを封じ込めるプレーが、アメリカらしい表現でプレー名となっているのだ。

【ランニングステップを踏みながらのインジェイル】

【ジャンプストップからのインジェイル】

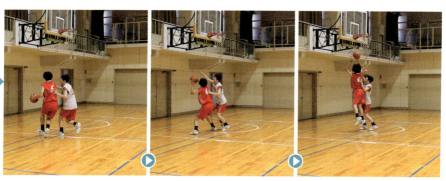

1対1

> **ねらい** ボールをふわりと浮かして
> ブロックの手をかわせるようになる

Menu 029 スクープショット（フローター）

≫主にねらう能力

難易度 ★★★★★
回数 2回

やり方

1. ボールマンは、ゴールから離れたエリアにポジションをとる
2. ボールマンにダミーディフェンスが対峙し、さらにゴール下にビッグマンが待ち構える
3. ボールマンがドライブインする
4. ビッグマンにブロックされないようにスクープショットを決める

❓なぜ必要？

小さい選手には必須技術

ゴール下にビッグマンが待ち構え、レイアップシュートではブロックされる危険性が高い時がある。そういうケースでブロックされることなく、シュートを打ち切るテクニックを備えておく。==特に小さい選手にとっては必須テクニック==だ。

【ランニングステップからのスクープショット】

ポイント
勢いを利用する

ジャンプする勢いを利用しながらボールをふわりと浮かし、ゴールの真上からボールが入るように打つ。つまりバックボードを使わないことを基本とする。その際に相手のブロックをかわすのであればランニングステップが有効だが、自分の走る勢いを止めることを優先させるのであればジャンプストップから打つ方法もある。

Level UP!
ワンカウントで打つ

ランニングステップからシュートを打つ場合、ドリブルを止めて「1、2」のステップを踏むのが基本だが、「1」のリズム、すなわちワンカウントで打つことによって、相手のブロックをかわせることが多い。

Extra
相手のファウルを誘う

スクープショットは大事なテクニックだが、ゴールへと向かう姿勢を忘れないようにしよう。それによって相手のファウルを誘いやすくなるからだ。

【ジャンプストップからのスクープショット】

ジャンプストップ

1対1

ねらい ブロックをかわせるタイミングでシュートに持ち込む

Menu 030 逆足のレイアップシュート

>> 主にねらう能力

難易度 ★★★★
回数 2回

やり方

1. 1対1の状態からドライブインに持ち込む
2. ディフェンスがブロックに飛ぶ前にレイアップシュートを決める

? なぜ必要?

逆足の踏み切りでタイミングをはずす

右足でレイアップシュートを打つ際には、ドリブルを止めた後、右足ー左足のステップから打つのが基本。だが、ディフェンスもそのタイミングに合わせてブロックをねらう。そこで右手で打つ場合には右足、左手で打つ場合には左足で踏み切ることにより、相手のブロックのタイミングをはずす。

【逆足ステップからのレイアップシュート】

Level UP! ダブルクラッチが有効

逆足ステップからのレイアップシュートがブロックされそうな時には、滞空時間を利用してシュートのタイミングを計る。最高到達点からのシュートがブロックされそうな時には、ジャンプから降下している時に打つテクニック「ダブルクラッチ」が有効だ。

ポイント 手でブロックを遮る

ステップの工夫に加え、ボールを持っていないほうの手を上げて、ブロックを遮ることがポイント。片手でドリブルをついている状態からそのまま両手を使わず、片手でレイアップに持ち込めるように練習しよう。

【ダブルクラッチからのレイアップシュート】

1対1

ねらい 速いタイミングでシュートを打ってブロックをかわす

Menu **031** 逆手のレイアップシュート

主にねらう能力
スキル / アジリティ / フィジカル / チームワーク / ディフェンス

難易度 ★★★★
回数 2回

やり方
1. 1対1の状態からドライブインに持ち込む
2. ディフェンスがブロックに飛ぶ前にレイアップシュートを決める

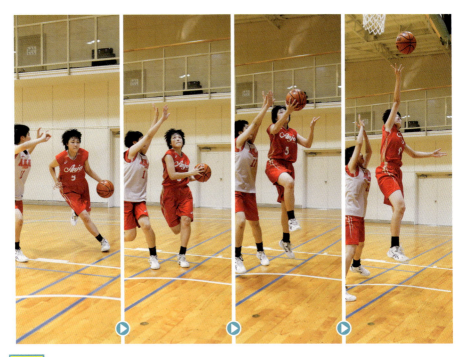

? なぜ必要?

早いタイミングでのシュート

ディフェンスから遠い手(写真では左手)でドリブルをついている時、そのまま左手でシュートを打つのが基本。だが、ディフェンスもそのシュートに対してブロックをねらっているため、逆の手で早いタイミングでシュート打つテクニックを備えておく。

! ポイント

相手に触れられないように

相手ディフェンスに近いほうの手によるシュートのため、ボールに触られないようにタイミングを計ることが大切だ。

第4章
インサイドプレー

自チームが意図したオフェンスを行うために、インサイドエリアでボールを保持し、展開し、シュートに持ち込むプレーは大切だ。ディフェンスに揺さぶりをかける、インサイドでの練習を紹介していく。

インサイドプレー

ねらい ゴール下にポジションをとる時の基本ターンを身につける

Menu **032** シール

> 主にねらう能力

難易度 ★★★☆☆
回　数 2回

やり方
1. ゴール下にポジションをとるディフェンスに対して、攻撃する選手がコンタクトする
2. パッサーのポジションに応じて、各種ステップを踏んでポジションをとる
3. パスを受けて、ゴール下シュートに持ち込む

? なぜ必要?

相手に体を「貼りつける」

相手とのコンタクトプレーを嫌がらず、ゴール下でパスを受けることによって確率の高いシュートチャンスをつくることができる。**相手ディフェンスに体を「貼りつける」状態になる**ことから「シール」と呼ばれている。

ポイント
2つのターンを使い分ける

シールをする際のステップの踏み方には、2つの基本ターンがある。足をボールマンのほうに踏み出す格好になる「フロントターン」と、足を引く格好になる「リバースターン」だ。ボールマンの位置とディフェンスのポジションに応じて、この2つの基本ターンを使い分けることがポイントだ。

ここに注意!
コンタクトプレーに慣れる

コンタクトプレーに慣れていない選手は、ゴール下でポジションをとろうとせず、アウトサイドでばかりパスを受けようとするもの。これでは確率の高いゴール下シュートを打つのが難しくなってしまうので、コンタクトプレーに慣れよう。

【フロントターン】

【リバースターン】

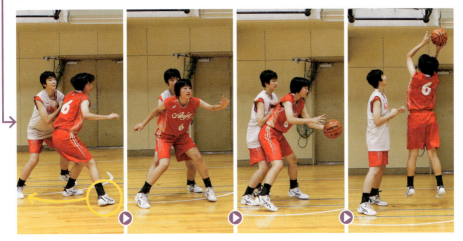

インサイドプレー

ディフェンスのねらいに応じてポジションのとり方を工夫する

ねらい

Menu **033** 状況に応じたシール

≫主にねらう能力
スキル／アジリティ／フィジカル／チームワーク／ディフェンス

難易度 ★★★☆☆
回数 2回

やり方
1. ゴール下にポジションをとるディフェンスをよく見て、攻撃する選手がポジションのとり方を考える
2. ディフェンスのねらいに応じて、シールを工夫する
3. パスを受けて、ゴール下シュートに持ち込む

【ディップ】 手を下から上に上げる

? なぜ必要?

相手に応じてシールを工夫

ゴール下にポジションをとろうとするオフェンスに対してディフェンスは、いろいろな守り方をしてくる。そうした相手のねらいに応じて、シールに持ち込む方法を工夫する。

ポイント
さまざまなシールの使い分け

相手ディフェンスがパワーを備えている時などは、まともに当たっても押し出されてしまう。そこで一度ベースライン方向に走るふりをして、さっとゴール下に潜り込むようにしてポジションをとる。これを「ディップ」と言う。そして相手ディフェンスがパスコースを手でディナイ（遮断）しようとする時には、その手を上から振り払う。その格好が水泳の手の使い方に似ているところから「スイム」と言う。さらに攻撃のほうにパワーがある場合には、積極的に相手をゴール下に押し込もう！

ここに注意！
ファウルに注意

バスケットボールのルール上は、基本的にコンタクトプレーは許されていない。それだけに相手とコンタクトプレーを行う際に力づくで、手で押したりするとオフェンス（攻撃側の）ファウルをとられてしまうので気をつけよう。あくまで相手と押し合っている状況でのみコンタクトプレーは許される。

【スイム】 手を上から下へ入れる

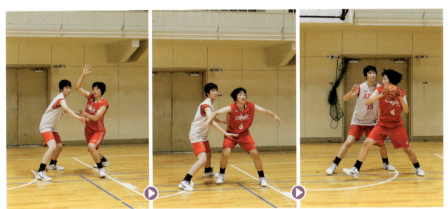

【押し込み】 押し込んでディップする

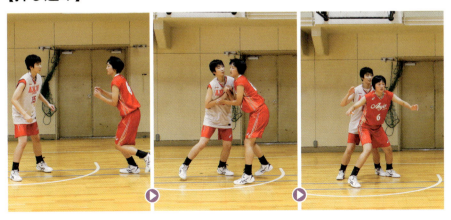

インサイドプレー

フロントターンからの得点パターンを用意する

ねらい

Menu **034** フロントターンドリル

》主にねらう能力

難易度 ★★★☆☆
回　数 2回

やり方

1. ゴール下で1対1の状況をつくり、パスを受ける
2. パスを受けたらフロントターンを踏む
3. 各種のシュートパターンに持ち込む

? なぜ必要?

ブロックをかわす

ディフェンスのねらいに応じて、フロントターンからのシュートの打ち方を使い分けることによって、ブロックをかわすことができる。

! ポイント

相手のブロックに応じて使い分ける

相手ディフェンスよりボールマンのほうが高さで有利であれば、フロントターンを踏んですぐに「ジャンプシュート」に持ち込める。しかし相手がブロックの手を伸ばしている時には、ゴール下に潜り込むようにして「レイアップシュート」に転じたほうが確実な場合もある。また、シュートを打つ素振りを見せてゴール方向にステップを踏む「アップアンドアンダー」も大きな相手に対して効果的だ。

【ジャンプシュート】

【レイアップシュート】

【アップアンドアンダー】

インサイドプレー

リバースターンからの得点パターンを用意する

ねらい

Menu **035** リバースターンドリル

》主にねらう能力

難易度 ★★★★☆
回数 2回

やり方

1. P76と同様に、ゴール下で1対1の状況をつくり、パスを受ける
2. パスを受けたらリバースターンを踏む
3. 各種のシュートパターンに持ち込む

【ジャンプシュート】

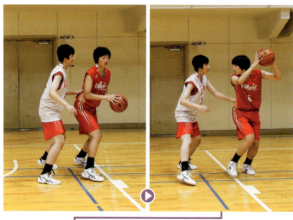

 なぜ必要?

間合いをつくる

リバースターンを踏むことによって、相手ディフェンスとの間合いをつくることができ、しかも相手とゴールに対して正対できるため、シュートチャンスをつくりやすくなる。

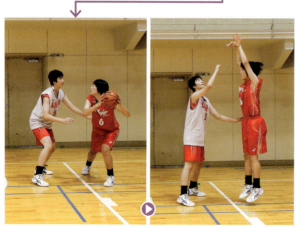

✕ ここに注意!

ゴールに向かうプレーを優先

リバースターンからはそのままジャンプシュートにも持ち込みやすいが、ゴールまでの距離があるぶん、高確率で決めるのが難しい。そこでゴールに向かうプレーを優先させて、タイミングよくジャンプシュートをねらうようにしよう。

ポイント
相手のサイズによっても使い分け

相手が大きい場合などはリバースターンで間合いをつくり、そのまま「ジャンプシュート」に持ち込むのも手だ。だが、**相手が間合いをつめてきたらドリブルに転じて「ゴール下シュート」**に持ち込むことによって確率が高まる。さらに写真のように、**ミドル（コート中央）方向にドリブルしながら「ケン」「ケン」のリズムで2度ボールをついた後、「パー」のリズムでゴール方向にステップイン**する。このプレーを「ケンケンパー」と呼んでいる。

Extra
パスの選択肢も増える

「ケンケンパー」のように、ミドル（コート中央）に向かってドリブルすることによって、シュートだけでなくパスを展開することもできる。

【ドリブルからのゴール下シュート】

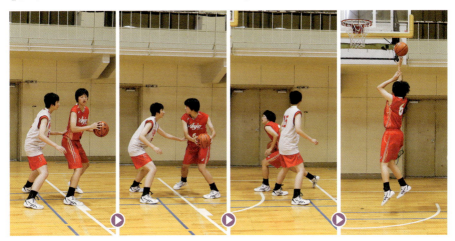

【ケンケンパー】

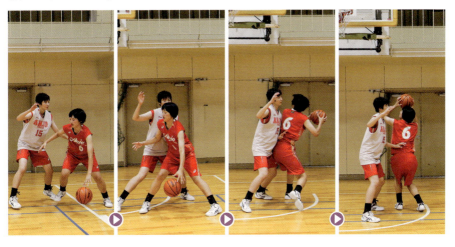

インサイドプレー

相手のプレッシャーを逆手にとってかわす

ねらい

Menu **036** スピンターンドリル

≫主にねらう能力

（レーダーチャート：スキル／アジリティ／フィジカル／チームワーク／ディフェンス）

難易度 ★★★★★
回数 2回

やり方
1. ゴール下で1対1の状況をつくり、パスを受ける
2. パスを受けたらスピンターンを踏む
3. 左右両方向のスピンからシュートを決める

【スピンターン】

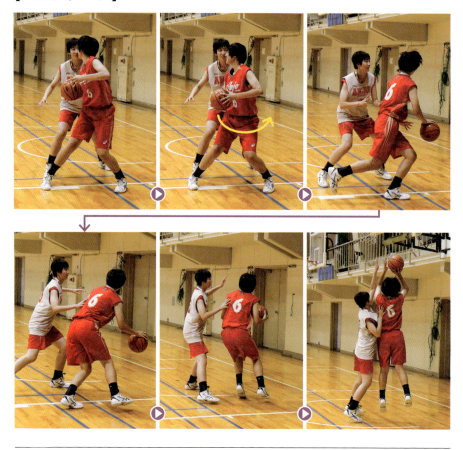

80

❓ なぜ必要？

相手の力を利用する

相手ディフェンスをくるりとかわせるスピンターンのテクニックを備えることにより、相手の力を利用するうまさが身につく。

❌ ここに注意！

トラベリングに注意

スピンターンやスピンフェイクを行う時に、軸足を離してトラベリングになるのはよく見られるミス。言い換えると、軸足を離さなければいろいろなステップに移行できる。

❗ ポイント

小さく素早く

プレッシャーをかけてくる相手ディフェンスを回転軸に見立て、小さく素早いスピンターンを行う。それによってディフェンスは対応しづらくなるが、その動きを相手が読んでいることも想定し、スピンターンをフェイクとして使う「スピンフェイク」からゴール下に潜り込むスキルも身につけておく。

【スピンフェイク】

インサイドプレー

背後のディフェンスとのズレをつくる

ねらい

Menu 037 ショルダーフェイクの基本ドリル

≫主にねらう能力

難易度 ★★★★★
回数 2回

やり方
1. ゴール下で1対1の状況をつくり、ボールマンがフロアにボールを弾ませてスタート
2. 最初はフェイクを使わずにシュートを決め、その後1回から3回のフェイクを入れてシュートを決める
3. それぞれ左右両方から行う

【1（ワン）フェイク】

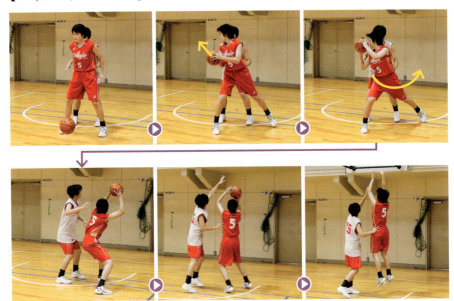

❓ なぜ必要？
肩で相手を惑わす

背後にいるディフェンスとのズレをつくらずにシュートを打とうとすると、相手にブロックされてしまうため、肩を動かす「ショルダーフェイク」を有効に使えるようにする。

❗ ポイント
最小限のフェイクで

最小限のフェイクで時間をかけずにシュートに持ち込むこと。背後にいるディフェンスは見えにくいため、背中で接触している時などに相手の状態を把握することが大事だ。

> **✗ ここに注意!**
>
> **軸足が離れないように**
>
> フェイクをしている間に軸足が離れないように注意するとともに、体のバランスを崩さないように注意しよう。

【2(ツー)フェイク】

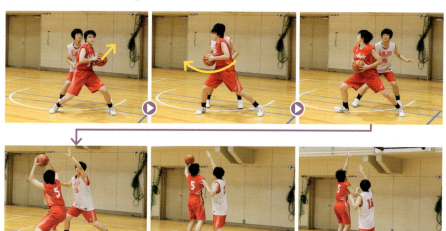

【3(スリー)フェイク】

インサイドプレー

ねらい ドリブルからの大きい1フェイクで相手のブロックをかわす

Menu 038 ショルダーフェイクの応用ドリル

≫ 主にねらう能力

難易度 ★★★★☆
回数 2回

やり方

1. ゴール下で1対1の状況をつくり、ボールマンがフロアにボールを弾ませてスタート
2. リバースターンからドリブルに移行する
3. 多彩なフェイクを有効に使ってシュートを決める

✕ ここに注意!

時間をかけすぎない

軸足が離れたり、時間をかけすぎると、トラベリングやオーバータイムのミスにつながるので気をつけよう。

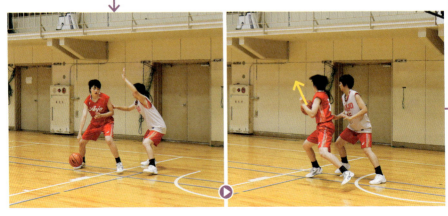

❓ なぜ必要？

ポンプフェイクも使う

ドリブルでゴールに近づいた後、肩を動かす「ショルダーフェイク」に加え、**ボールを上下に動かす「ポンプフェイク」**も使って、シュートの確率を上げられるようにする。

❗ ポイント

フェイクを使うタイミングや回数を工夫

毎回、同じような流れのフェイクの使い方だと相手ディフェンスに読まれてしまう。そこで使うタイミングを考え、P82で紹介した1〜3フェイクなど、使う回数も工夫しながら相手ディフェンスを攻略する。

Extra
相手の反応によって臨機応変に

6枚目の写真では、ディフェンスがポンプフェイクに反応しているため、ステップインからのシュートに持ち込んでいる。もしこの動作にディフェンスが反応しない場合、ポンフェイクではなく、シュートの動作に移行するのも手である。

インサイドプレー

大きい1フェイクとシュートのバリエーションを増やしていく

Menu **039** フェイク&フックシュート

》主にねらう能力

難易度 ★★★★★
回数 2回

やり方
1. ゴール下で1対1の状況をつくり、ボールマンがフロアにボールを弾ませてスタート
2. 2度ドリブルをついてからゴール方向にステップを踏む「ケンケンパー」からシュートを決める
3. ケンケンパーをフェイクとして使い、フックシュートを決める

【ケンケンパーからのドロップステップ】

【大きいワンフェイクからのフックシュート】

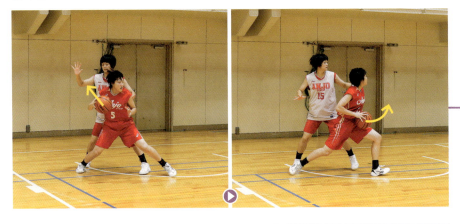

❓ なぜ必要？

「表と裏」のプレーを身につける

表と裏のプレーを備え、ディフェンスに対応されないようにする。2度ドリブルをついてからゴール方向にステップを踏む「ケンケンパー」を表とするなら、それをフェイクとすることによってフックシュートを交えた裏のプレーを備えられる。

❗ ポイント

フックシュート

ゴールに対して半身の体勢をとり、ボールをふわりと浮かして、相手のブロックをかわすシュートを「フックシュート」と言う。写真のように両足ジャンプで、ヒジを曲げた状態から打つフックシュートは「ベビーフック」とも呼ばれている。

Level UP!

シュートテクニックを増やそう

相手ディフェンスに高さがある場合、このベビーフックではなく、体の横から腕を伸ばして打つフックシュートが使える。このようにフェイクを有効に使いながらシュートテクニックも増やすことによって、得点パターンにバリエーションが生まれる。

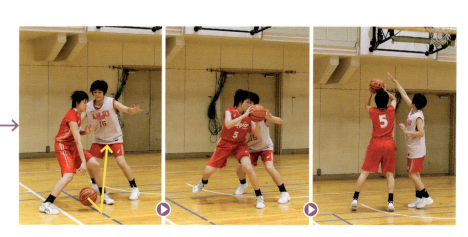

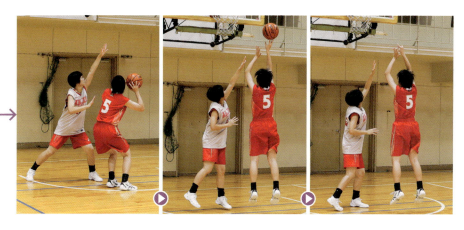

インサイドプレー

パスを受けてできるだけ早くシュートを決める

ねらい

Menu **040** 足入れワンカウントドリル

》主にねらう能力

難易度 ★★★☆☆
回数 2回

やり方

1. ローポストにポジションをとり、パートナーはボールを持ってフリースローライン付近に立つ
2. ゴール方向にステップを踏みながら、パスを受ける
3. ストライドストップからできるだけ早くシュートに持ち込む

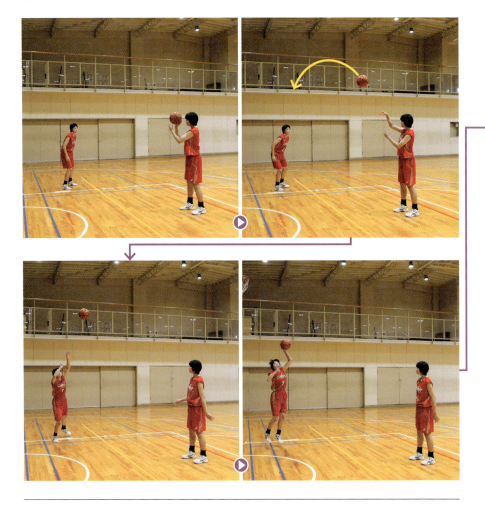

? なぜ必要？

素早く確実にシュートを決めるスキルを身につける

チームメートがドライブインでディフェンスを引きつけた時など、ノーマークでパスを受けられる場合がある。そのような場面で、ディフェンスが寄ってくる前にできるだけ早く、しかも確実にシュートを決められるスキルを備える。

! ポイント

ボールを下げ過ぎないように

ゴール方向に大きく足を入れながら近づくこと。そしてパスをキャッチしてから、お腹のほうまでボールを下げないようにする。そこからシュートに持ち込むと時間がかかってしまい、相手ディフェンスに邪魔される危険性が高まるからだ。

ストライドストップ

Extra

速攻の際にも有効なテクニック

ゴール方向にステップを踏むこの技術は、速攻などでも有効に使える。ウイングとしてオールコートを走り、ボールマンからパスを受けた際にもできるだけ早くシュートを決められることにより、相手ディフェンスにブロックされない。

インサイドプレー

体を安定させてから シュートを決める

ねらい

Menu **041** 足入れツーカウント

» 主にねらう能力

難易度 ★★★☆☆
回数 2回

やり方

1. ローポストにポジションをとり、パートナーはボールを持ってフリースローライン付近に立つ
2. ゴール方向にステップを踏みながら、パスを受ける
3. ジャンプストップから体を安定させてシュートを確実に決める

【クローズドスタンスでの足入れツーカウント】

90

なぜ必要？

ボールを守るようにしてシュートする

P88で紹介した「足入れワンカウント」では、パッサーに対して体を向けた状態でストライドストップからシュートに持ち込んだ。しかし、ディフェンスがすぐ近くにいる時などは、ジャンプストップで体を安定させながら、ボールを守るようにしてシュートするケースもある。状況によって使い分けることを意識しよう。

ポイント
ゴールに正対する

足をゴール方向に踏み込む際に、動きの勢いで踏み込み過ぎると体のバランスが崩れてしまう。しっかりとゴールに正対して確実にシュートを決められるようにするのがポイントだ。

Level UP!
ポンプフェイクを使ってみる

シュートを打とうとした時に相手ディフェンスのブロックの動作が把握できたら、ポンプフェイクを使ってステップを踏むことによって、より確実にシュートを決められる。

【左サイドでの足入れツーカウント】

インサイドプレー

ディフェンスの密集地帯をかいくぐるスキルを備える

ねらい

Menu **042** ギャロップステップ

》主にねらう能力

難易度 ★★★★★
回数 2回

やり方

1. トップのエリアにポジションをとり、パートナーはボールを持ってウイング付近に立つ
2. パスを受けた直後、逆サイドにパスをする素振りを見せる
3. ドリブルし、そのボールをキャッチしながらジャンプ
4. 空中で体の向きを変える
5. シュートを決める

なぜ必要？

スキルを駆使してディフェンスを突破する

ミドルライン（コート中央のエリア）からゴール方向に進む場合、複数のディフェンスに対応されやすい。そうした時でもフェイク、ドリブル、そしてステップを上手に使い、突破できるスキルを備える。

ポイント

空中で体の向きを変える

ジャンプしながらボールをキャッチし、空中で体の向きを変えるのがポイント。その瞬間、相手ディフェンスにボールに触られないようにボールを高いところで動かしたり、両手でがっちりとつかんでキープする。

Level UP!

パスフェイクでディフェンスをズラす

ステップを踏む前に、写真のようにパスフェイクを行っておくことで、ディフェンスが横にズレて、突破しやすくなる。

インサイドプレー

空中でパスを受けて そのままシュートを決める

ねらい

Menu **043** タップシュート

≫主にねらう能力

難易度 ★★★★☆
回数 2回

やり方

1. ウイングのエリアにポジションをとり、パートナーはフリースローライン方向にドリブルをつく
2. ゴール方向に走り込む
3. ジャンプしながら空中でパスを受けて、そのままシュートを決める

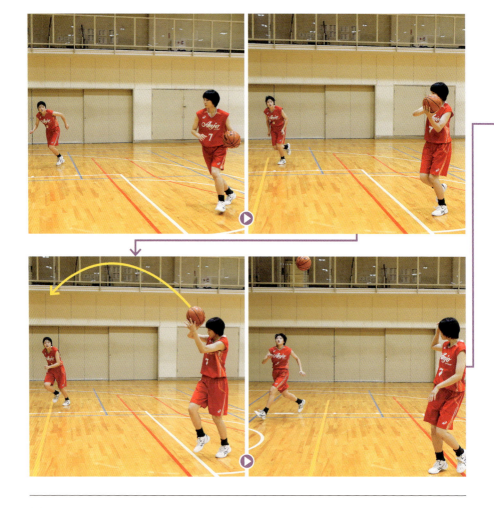

❓ なぜ必要？

パスからシュートまでの時間を短縮する

パスを受けてからシュートを打つまでに時間がかかるとブロックされる危険性が高まるため、その時間を短縮できるような攻撃を備える。相手ディフェンスの意表をつくプレーを成功させられることでチームの士気を高められる。

❗ ポイント

体幹の強さも必要になる

十分な滞空時間をつくれるだけのジャンプ力、そしてパスを受けてからシュートに持ち込めるだけの体幹の強さが必要となる。たとえ体勢が崩れてもゴールから目を離さずシュートを打ち切る。

Level UP!
「アリーウープ」にチャレンジ

ダンクシュートができる選手がいるチームは、このプレーからそのままダンクシュートにつなげるプレー「アリーウープ」にも挑戦してみよう。試合で決められれば、観客も味方につけられるはずだ。

インサイドプレー

ねらい
タップパスからタップシュートで攻撃の幅を広げる

Menu 044 タップパスからタップシュート

≫主にねらう能力

難易度 ★★★★★
回数 2回

やり方
1. ボールマンはトップからドリブルし、両サイドから2人がゴール方向に走り込む
2. 最初にパスを受けた選手が空中でパスを受けて、逆サイドから走り込む選手にタップパスをする
3. パスを受けた選手がタップシュートを決める

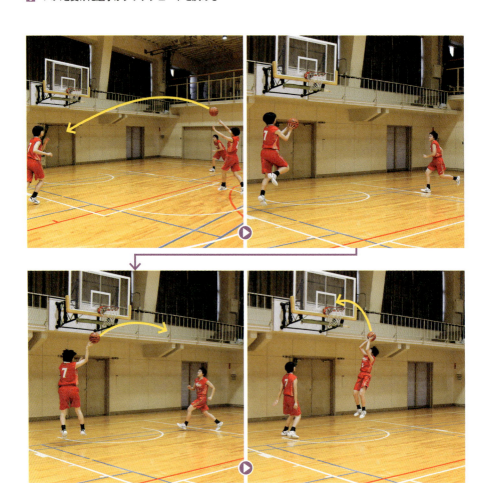

なぜ必要？

ノーマークの選手をつくる

タップシュートのプレーに対して、相手ディフェンスが寄ってきた際に、もう1人が走り込むことによってノーマークの状態をつくりやすくなる。その時にも空中で合わせることで時間をかけずに、相手のブロックをかわせる。

ポイント

連動して動きを合わせることが大切

3人が動きのタイミングを合わせる。最初のボールマンのドリブルの時点でゴール下に入り込み過ぎると、タップシュートが難しくなるとともに、その動きをフェイクにも変えられない。動きを連動させてゴール方向に走り込むことが大切だ。

Extra

一度着地しても良い

空中でパスを受けた時点でブロックされる危険性が高かったり、体勢が崩れてシュートミスの可能性がある場合には、一度着地しても良い。その際にワンドリブルつくことで体を安定させながら相手をかわすことができる。

インサイドプレー

ゴール下のイージーシュートミスをなくす

ねらい

Menu **045** マイカンドリル

» 主にねらう能力

難易度 ★★★☆☆
回数 10回

やり方

1. ボールを持ってゴール下にポジションをとり、利き手でシュートを決める
2. 落下してきたボールを拾い、逆の手でシュートを決める

【片足ジャンプ】

98

❓ なぜ必要？

本数を決めて集中して練習する

練習では決められるゴール下シュートも、試合では疲れ、緊張、そして相手のプレッシャーからはずしてしまうことが多い。そのようなイージーシュートのミスをなくせるように、<mark>普段から時間や本数を決めて集中</mark>して決められるようにする。

❗ ポイント

オフェンスリバウンドを想定して行う

片足ジャンプからのシュートと両足ジャンプからのシュート、両方を練習しておく。<mark>パスを受けた時、またはオフェンスリバウンドを取った直後</mark>などを想定し、どんな状況でもシュートを決められるようにする。

【両足ジャンプ】

Level UP! さまざまなシュートをやってみよう

左右両手でベビーフックシュートを決めたら、引き続き、ベースライン側の手で打つ「レイバックシュート」や、逆の手で打つ「リーチバックシュート」も決められるようにする。これも片足ジャンプと両足ジャンプ、両方で行うようにする。

ベビーフックシュート
片手でベビーフックシュートを決めたら、逆の手でベビーフックシュートを決める

右手のレイバックシュート
ゴール下を通過して、ベースライン側の右手でバックシュートを決める

左手のレイバックシュート
ゴール下を通過して、ベースライン側の左手でバックシュートを決める

右手のリーチバックシュート
ゴール下を通過して、ベースライン側とは逆の右手でバックシュートを決める

左手のリーチバックシュート
ゴール下を通過して、ベースライン側とは逆の左手でバックシュートを決める

第 5 章
ディフェンス

ここまで、いかにしてゴールを奪うかのトレーニングを紹介してきた。
いかにして相手の攻撃を防ぐか、
この章では守備の技術を養う練習法を紹介する。

ディフェンス

ねらい：ボールマンの軸足やボールの位置に応じてスタンスをとる

Menu **046** ディフェンススタンス

≫主にねらう能力

難易度 ★★★☆☆

やり方

1. ボールマンに対して4つの基本スタンスをとる

【平行】※オフェンスが左軸足の場合

▲基本となる平行スタンスをとる

【ハの字】※オフェンスが左軸足の場合

▲ボール側の手を上げ、「ハの字」にスタンスをとる

❓ なぜ必要？
まずは基本姿勢を身につける

ディフェンスの基本姿勢を覚えることがマンツーマンディフェンス強化の第一歩。試合では疲れてきて体勢が崩れてしまいがちなだけに練習で習慣とし、安定したディフェンス力へとつなげる。

❗ ポイント
相手の動きに応じてスタンスを切り換える

相手ボールマンのドリブルをディレクション（方向づけ）する上では、相手の両足に平行にスタンスをとるのが基本となる。そうして特にシュートを警戒する際には、ボール側の手を上げて「ハの字」のスタンスもとれるようにする。そうした動きをボールマンの軸足が逆になった場合にも対応できるようにする。

【平行】※オフェンスが右軸足の場合　【ハの字】※オフェンスが右軸足の場合

▲基本となる平行スタンスをとる

▲ボール側の手を上げ、「ハの字」にスタンスをとる

Extra
4つのスタンスの確認ポイント

- 腰を落として、次の動作にスムーズに移行できるくらいに低い姿勢をとれているか？
- 肩幅より広いスタンスをとれているか？
- 自分の鼻がボールマンの胸あたりに向くように意識しているか？
- ボールマンのねらいやボールの位置に応じてどちらかの手を上げているか？

ディフェンス

1対1の動きの中で基本スタンスをとり続ける

Menu 047 フットワークドリル

主にねらう能力

難易度 ★★★☆☆
距離 15〜18m

やり方

1. ボールマンのドリブルに対して、スライドステップでついていく
2. 方向転換するボールマンに対して、ディフェンスも瞬時に対応する
3. スライドステップを継続して行い、基本スタンスをとり続ける

先に出す

⚠ ポイント　進行方向の足を先に出す

スライドステップで移動する際には、進行方向の足を先に出すことがポイント。この「リーディングフット」を出しながら、逆足は引っ張られるような感覚でボールマンの動きについていける。

スライドステップを覚える

ドリブルでボールを運ぶ相手に対して、両足をクロスさせないで移動する「スライドステップ」でついていけるようにする。その移動中も P102 で覚えた基本スタンスを意識して、左右の方向転換にも対応する。

逆足を先に出さない

リーディングフットを出さず、逆足を先に出すと両足が閉じた状態になってしまう。これは基本スタンスが崩れている状態であり、相手ボールマンにドリブルで抜かれる原因になるので注意しよう。

Extra
スピードに対しては「クロスステップ」

スピードに乗るボールマンに抜かれそうな時には、このスライドステップではついていけない。そこで両足をクロスさせる「クロスステップ」で走るように付いていきながら、ボールマンのコースに入ったらスライドステップに戻すようにしよう。

ディフェンス

センターサークルを使ってスライドステップのスキルを高める

Menu 048 サークルスライド

≫主にねらう能力

難易度 ★★★☆☆
回数 2周

やり方

1. 相手ボールマンにセンターサークルで対峙する
   （※以下、写真ではボールマンなし）
2. 右斜め後ろに移動する
3. 左斜め後ろに移動する
4. ボールマン方向に前進する
5. 逆の左側にも同様に行う

? なぜ必要?

スライドステップを習慣化する

スライドステップは日常生活では使わない動作のため、どうしても意識が薄れてしまい、クロスステップになってしまう。そこでスライドステップを習慣にする。

❌ ここに注意！

両足を閉じない

両足を閉じると相手ボールマンに抜かれてしまうので、両足をしっかりと開いて基本スタンスを意識しよう。

❗ ポイント

プレッシャーをかける大切な動き

やり方は、ヘルプディフェンスのポジションから移動し、自分のマークマンにプレッシャーをかける上で大事な動き。この時には両足をクロスさせて近づき、ハーキー（小刻みな）ステップで前進する。そうすれば相手のシュートにもドリブルにも対応できる。

Extra
ウォーミングアップに最適

このドリルは試合前のウォーミングアップにも最適だ。全員が一斉に行うことにより、ディフェンスへの意識を高められる。コーチやマネージャーが前に立って、選手が動く方向を手で示し、選手はそれに瞬時に反応してスライドステップで移動しよう。

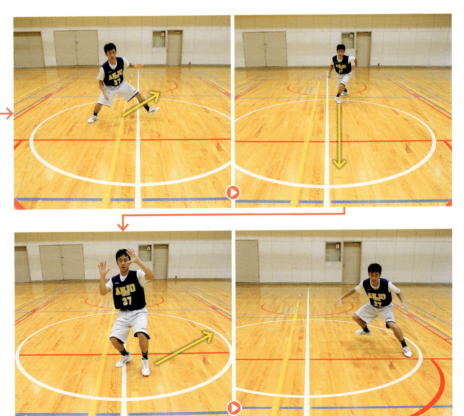

ディフェンス

自分のマークマンにボールを持たせない

Menu 049 ディナイドリル

≫主にねらう能力

難易度 ★★★★☆
回数 2回

やり方

1. ボールマンがトップにポジションをとり、ウイングで1対1の状況をつくる
2. ボールマンの状況に応じて、ディナイの姿勢をとる、またはオープンスタンスで構える

❓ なぜ必要?

攻撃に時間をかけさせる「ディナイ」

ボールマンのディフェンス以外の選手が、自分のマークマンにパスが渡らないように、パスコースを遮断する。このディフェンススキルを「ディナイ」と言う。攻撃に時間をかけさせることによって、攻撃のリズムを狂わせるディフェンスにつながる。

▲ボールマンにパスされる危険性がある場合には、ディナイの姿勢をとる

▲ボールマンにパスされる危険性がない場合には、オープンスタンスで構える

ポイント

「クローズスタンス」と「オープンスタンス」

パスコースに手をかざすディナイは「クローズスタンス」とも呼ばれている。それに対して「オープンスタンス」とは、体を開いた状態のことを意味する。自分のマークマンだけでなくボールマンの動きを把握するのに適したスタンスのとり方だ。

 ここに注意！

体全体をパスコースに入れる

クローズスタンスのディナイを行う際に、パスコースに体全体を入れてしまうと、ゴール方向に走り込まれてパスが渡ってしまう。したがって手だけをパスコースに入れて遮断し、相手の走り込みにも対処できるようにしておこう。

 Extra

ここでもリーディングフットが大切

ディナイの場合でも同じようにリーディングフットが大切となってくる。逆足が1歩目となってしまった場合、相手に動きの逆を突かれたら対応することが難しいからだ。

ボールと人をしっかりと見る

クローズスタンスの場合はボールが見づらくなるが、それでも相手の動きを予測するために、しっかりとボールを見ること。"Must see the ball & my man" が原則だ。

▲動く相手に対してもディナイし続ける

▲パスが渡ったら、シュートやドリブルをさせず、トップにボールを戻させる

ディフェンス

ボールマンディフェンスから
ヘルプポジションに

ねらい

Menu 050 チームディフェンスドリル①
リバースターン

》主にねらう能力

難易度 ★★★★☆
回数 2回

やり方

1. 3人の攻撃が、トップ、左右のウイングにそれぞれポジションをとり、そのうちボールマンに対してディフェンスが1人つく
2. ウイングからトップにボールが移動するのに伴い、ディナイするかもしくはリバースターンを踏んでオープンスタンスをとる
3. トップから逆サイドのウイングにボールが展開されるのに伴い、再度リバースターンを踏みながらヘルプポジションに移動する

? なぜ必要?

ボールの状況に応じて スタンスをとる

ボールの動きに応じて、速やかに動き出し、正しいポジショニング、および正しいスタンスをとれるようにする。試合ではめまぐるしく状況は変化するので、このような練習の場合でも常に実戦をイメージしながら、動きを確認するようにしよう。

✗ ここに注意!

ボールとマークマンを 両方見る

ボールばかり見ていたら、自分のマークマンにスペースへと走り込まれてしまう。逆にマークマンばかり見ていたらボールマンに攻撃されてしまうので、ボールマンとマークマンの両方の動きを常に把握しておくことが大事だ。

! ポイント

リターンパスの可能性を想定

ウイングのボールマンがトップにパスした場合、リターンパスされる可能性があるならP108のクローズスタンスによるディナイを行う。しかしこの練習ではその危険性がないことを想定し、写真のように、リバースターンを踏んでオープンスタンスをとることをポイントとする。トップからさらに逆サイドへとボールが展開されたらさらにリバースターンで動き出す。

ヘルプポジション

📄 Extra

ヘルプポジションからの移動

ヘルプポジションからボールマンディフェンスへの移動の方法については P112で紹介する。

ディフェンス

ねらい ヘルプポジションから
ボールマンディフェンスに

Menu **051** チームディフェンスドリル②
フロントターン

》主にねらう能力

難易度 ★★★☆☆
回数 2回

やり方

1. P111に引き続き、3人の攻撃が、トップ、左右のウイングにそれぞれポジションをとり、ディフェンスがヘルプポジションにいる状態からスタートする
2. ウイングからトップにボールが移動するのに伴い、フロントターンを踏んで動き出す
3. トップから自分のマークマンにパスを出される危険性がある場合はディナイする

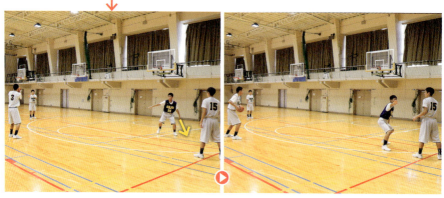

なぜ必要？ 正しいポジショニングとスタンスを

P110と同様、ボールの動きに応じて、速やかに動き出し、正しいポジショニング、および正しいスタンスをとれるようにする。

ポイント ピストルスタンスを覚える

ヘルプポジションにいる時は、ボールマンと自分のマークマンを指差せる体勢をとる。両方をピストルで撃てるような姿勢であることから「ピストルスタンス」とも呼ばれている。そうしてトップにパスが出されるのに伴い、フロントターンで速やかに動き出すことがポイントだ。P110のリバースターンと区別しよう。

Level UP! 「スキップパス」の対応も覚える

ヘルプポジションにいる時、トップを経由せず直接自分のマークマンにパスが渡るケースがある。この「スキップパス」を出された場合、走りながら自分のマークマンに戻る「クローズアウト」ができるようにする。最初は大きなストライドで走り、ボールマンに近づくとともに小刻みなステップ「ハーキーステップ」を踏むことによってドリブルにも対応しやすくなることを覚えておこう。

ディフェンス

シュートチェック-ボックスアウト-リバウンドの流れを覚える

ねらい

Menu **052** リバウンドドリル①
（一線のボックスアウト）

》主にねらう能力

難易度 ★★★☆☆
回数 2回

やり方

1. ボールマンとディフェンスが対峙する
2. シュートを打ったら、ディフェンスは相手に体をぶつける
3. ボックスアウトしてからボールを見る
4. リバウンドボールを取る
5. ドリブルでボールを運ぶ

なぜ必要？

シュートを打たせた後の対処を身につける

自分がマークする相手がボールを持っている時の対処を覚える。相手に苦しいシュートを打たせた後、ディフェンスリバウンドを取ってから攻撃に切り換える流れをスムーズに行えるようにする。

ポイント

体をぶつける「ボックスアウト」が大切

ボールマンがシュートを打った直後、その相手がゴール方向に走り込まないように、体をぶつけることがポイント。このようにボックス（制限区域）に相手を入れさせないディフェンススキルを「ボックスアウト」と言う。

ここに注意！

ボールだけを見ないように

相手がシュートを打ったと同時にボールばかりを見て追いかけてしまうと、マークする相手にゴール方向に走り込まれて、オフェンスリバウンドを取られてしまうので、ボックスアウトを徹底しよう。

Extra

チームメイトがリバウンドを確保できれば成功

ボックスアウトすると、自分がリバウンドを取れないと思うかもしれない。だが、自分が取れなくても、チームメイトがリバウンドを確保できれば、ディフェンスの成功なのである。

ディフェンス

ねらい
いち早く自分のマークマンを捕まえられるようにする

Menu **053** リバウンドドリル②
（二線、三線のボックスアウト）

≫主にねらう能力

（レーダーチャート：スキル／アジリティ／フィジカル／チームワーク／ディフェンス）

難易度 ★★★☆☆
回数 2回

やり方

1. トップのボールマンにダミーディフェンスがつき、ウイングで1対1の状況をつくる
2. ボールマンがシュートを打ったら、ディナイしていたディフェンスがマークマンに体をぶつけてボックスアウトし、リバウンドボールを取る

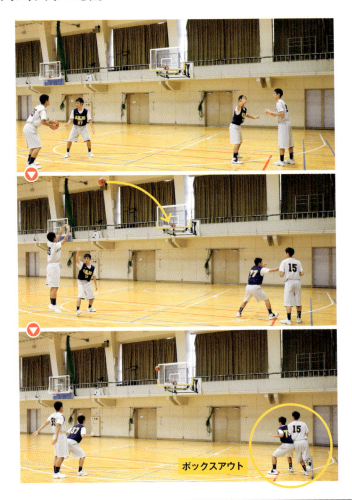

ボックスアウト

なぜ必要？

ボックスアウトでリバウンドを奪われる危険性を回避する

ボールマンをマークするディフェンスだけでなく、他4人全員がボックスアウトを意識できるようにする。それによって相手にオフェンスリバウンドを奪われる危険性を回避できる。

ポイント

さぼりは厳禁

マークする相手に体をぶつけるボックスアウトを絶対にさぼらないこと。チームの中で1人でもさぼる選手がいると、相手にオフェンスリバウンドを奪われ、他のチームメートの努力が無駄になってしまうからだ。

Extra

オープンスタンスからのボックスアウト

オープンスタンスからのボックスアウトも練習しておこう。ヘルプポジションのディフェンスでは特に、相手にいち早く近寄って体をぶつけることが欠かせない。

column 2 オフェンスリバウンドを工夫する

　リバウンド時にボックスアウトしてくるディフェンスに対して、オフェンス側はどのようにすればリバウンドを取ることができるかについて考えてみましょう。

　まず基本原則としては3つです。
[1]　シュートを打つ瞬間の予測とボールの軌道を見て、落下地点を予測する
[2]　ディフェンスにコンタクトされず、前後左右のスペースをしっかりと確保する
[3]　たとえ1度のジャンプで取れなくても、地道に連続ジャンプする

　そしてウイングやコーナーなど、片方のサイドから放たれたシュートは逆サイドに落ちることが多いのを覚えておいてください。もし相手ディフェンスもそのエリアを警戒している場合には、「スクリーンプレー」が使えます。

　第7章で紹介するスクリーンプレーは通常、ノーマークをつくるチームオフェンスとして使われる戦術です。しかしながらリバウンド時にも私のチームでは使うようにしています。

　またフリースローの時のリバウンドも、ゴール側にポジションをとれるディフェンスのほうが圧倒的に優位です。が、オフェンス2人がクロスしながらリバウンドに飛び込むことによってディフェンスのボックスアウトを難しくさせることができます。

　ぜひ、試してみてください！

第6章
パス

味方を使ってゴールを奪うために、パスは最も基本的なプレーだ。
正確に、かつ強いパスを出せるように練習から心掛けて取り組んでいこう。

パス

ねらい 両手で強いパスを出せるようになる

Menu 054 チェストパスドリル

≫主にねらう能力

難易度 ★★★★★
時間 2～3分

やり方
1. 2人1組で1人がボールを持ち、5メートルくらい離れる
2. お互いにチェストパスを出し合う
3. 距離を少しずつ広げ、サイドラインから逆側のサイドラインまで届かせることを目標とする

！ポイント
両手の甲が合わさるように
ムチのようにスナップ（手首の力）をきかせ、パスを出し終えた後に、両手の甲が合わさっていることがポイント。その時に両手の親指は下に向いているようにする。

✕ ここに注意！
弱いパスは試合で通用しない
練習では弱い山なりのパスでもチームメートの手元に届く。だが、試合では相手ディフェンスに取られてしまうので、練習から強いパスを意識するようにしよう。

? なぜ必要？

最も基本的で重要なパスを身につける

レベルが高くなるほど試合では片手でパスを出すシーンが多くなる。だが、強いパスを正確にチームメートに届かせるうえで、両手で出すチェストパスは重要なスキルである。特にバスケットボールを始めたばかりの選手には、大事にしてほしい基本。文字どおり、自分の「チェスト（胸）」から相手の「チェスト」にボールを届かせよう。

Level UP!

重心移動を意識して、強く正確なパスを心掛ける

片足を前に踏み出し、重心移動を心掛けると強いパスが出せるようになる。距離を広げ、遠くにいるチームメートにパスを届かせるうえでも重心移動は欠かせない。練習で行う際には、左右交互に足を踏み出して、強くて正確なパスを出すように意識しよう。

パス

ねらい 相手ディフェンスを避けながら片手で出す

Menu 055 プッシュパスドリル

> 主にねらう能力

難易度 ★★☆☆☆
回数 10回

やり方

1. P120と同様に、2人1組で1人がボールを持ち、5メートルくらい離れる
2. お互いにプッシュパスを出し合う
3. 左右交互に足を横に踏み出してパスを出す

? なぜ必要？

横からパスを出す技術

試合でボールを持っている時、相手ディフェンスと対峙している状況では、P120で紹介したチェストパスは出しにくい。そこでボールを体の横にずらして片手でパスを出す「プッシュパス」が有効である。

! ポイント

「ターゲットハンド」は逆の手

パスを出す手とは逆の手でパスを受けることがポイント。つまり、==右手でパスを出すのであれば、パスを出すチームメートに左手のほうにパスを出してもらうように手を出しておく==。この手のことを「ターゲットハンド」と言う。左手でパスを受けながら、ボールを右の腰あたりに持ってきて右手でプッシュパスを出す。逆に右手でパスを受けながら、ボールを左の腰あたりに持ってきて左手でプッシュパスを出すと、ディフェンスに邪魔されにくい。

Extra
クロスステップを踏みながらのパス

ボールを持っている側の足を外側に踏み出すのが基本である。これを「オープンステップ」と言う。試合では写真のようにクロスステップを踏みながらパスを出す状況があるかもしれない。ボールを自分の体で守る格好だ。だが、両足をクロスさせた時に相手ディフェンスにプレッシャーをかけられてパスが出せないと、ゴールに背を向ける格好になるので注意してほしい。

パス

ねらい プレッシャーをかけてくるディフェンスをかわしてパスを出す

Menu **056** 2対1のパスドリル

≫主にねらう能力

難易度 ★★★☆☆
回数 10回

やり方

1. 2人が5メートルくらい離れて1人がボールを持ち、その間にディフェンスが入る
2. ボールマンに対してディフェンスはプレッシャーをかけて、それをかわしてパスを出す
3. パスを受けた選手に対して再度ディフェンスはプレッシャーをかける
4. 最初はダミーディフェンスで時間や本数を決めて行い、次にボールを取ったら交代する形式で練習を進める

ポイント
「バウンドパス」を有効に使う

ディフェンスの顔の横からパスを出し、ノーバウンドでチームメートにボールを届かせるのに加え、フロアにバウンドさせる方法もある。これを「バウンドパス」と言う。==ディフェンスが出してくる手の下からパスを出し、ワンバウンドでチームメートにボールを届かせるのだ。==

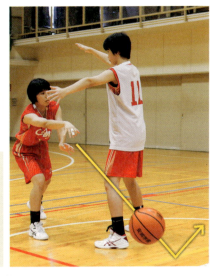

？ なぜ必要？
相手の動きをしっかりと見てパスを判断する

ディフェンスの動きをよく見て、どのタイミングでどこからパスを出せるか、正しく判断できるようにする。

Level UP!
「フェイク」を使って相手のプレッシャーをかわす

頭の上から出す「オーバーヘッドパス」も使うことができる。そしてオーバーヘッドパスを出すふりをしてバウンドパスを出したり、バウンドパスを出すふりをしてオーバーヘッドパスを出すなど、「フェイク」を上手に使うことでディフェンスのプレッシャーをかわしやすくなる。

✕ ここに注意！
上下左右の空間をよく見てパスを出す

体の正面からディフェンスが寄ってきているのに、両手でチェストパスを出そうとすると相手に取られてしまう。上下左右の空間を上手に使ってパスを出すように心掛けよう。

パス

ねらい ゴールに体を向けて横にいるチームメートにパスを出す

Menu 057 ラテラルパスの基本ドリル

≫主にねらう能力

難易度 ★★★★☆
回数 10回

やり方
1. 2人1組で1人がボールを持ち、5メートルくらい離れ、2人ともゴールに体を向ける
2. 横にいるチームメートとラテラルパスを出し合う
3. ドリブルからのラテラルパスも行う

❓ なぜ必要？

正面を向いたまま横にパスを出す

ゴールに体を向けてボールを持った状態で、横にいるチームメートのほうに体を向けてパスを出そうとすると時間がかかってしまう。そこで正面を向いたまま横に出す「ラテラルパス」を使えるようにする。

❗ ポイント

ボールの支え方を意識する

右にいるチームメートに<mark>右手で出す場合は、左手でボールを支える。そして右手の親指を下に、小指を上に向けて横に押し出す</mark>。左にいるチームメートに左手で出す場合は、右手でボールを支え、左手の親指を下に、小指を上に向けて出す。

Level UP!

「キックアウト」をやってみよう

試合ではゴール方向にドリブルして相手ディフェンスを引きつけた際に、チームメートへの「合わせのパス」として使える。ボールマンである自分が動くスピードだけでなく、レシーバーとなるチームメートの動くスピードも考慮に入れて確実にパスを出せるようになろう。これは「キックアウト」とも呼ばれているプレーだ。

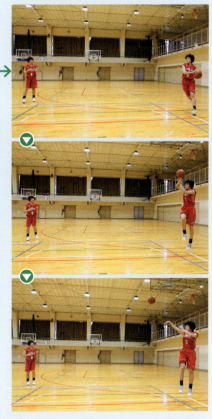

パス

ねらい　ラテラルパスを試合で有効に使えるようにする

Menu 058　ラテラルパスの応用ドリル

≫主にねらう能力

難易度 ★★★★☆
回数 2回

やり方

1. 3人の攻撃が5メートルくらいの間隔でポジションをとり、真ん中の選手にダミーディフェンスがつく
2. 攻撃はラテラルパスで攻撃を展開する
3. 時間や本数を決めて行い、真ん中の選手がドライブインしてからラテラルパスを出す

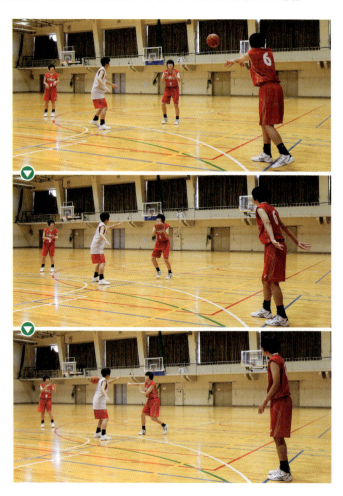

なぜ必要？
横パスによる展開力を高める

試合では横にパスを素早く展開しながらディフェンスのズレをつくるチームオフェンスが求められる。そこで試合を想定してラテラルパスによる展開力をつけておく。

ポイント
ボールの勢いとモーションを連動させる

特に3人のうち真ん中の選手は、左から来たパスを右に展開する時、または右から来たパスを左に展開する時、ボールの勢いを利用して素早いモーションとして連動させる。それによって相手ディフェンスは対応しづらくなる。

Level UP!
ラテラルパスからのドライブイン⇒キックアウト

ラテラルパスによって相手ディフェンスのズレができると、ドライブインのコースができる。そしてドライブインの直前にラテラルパスを出すと相手に見せかけることによって、ズレが生まれやすい。さらにドライブインからのキックアウトも正確にできるように練習しよう。

ラテラルパス

ドライブイン

キックアウト

パス

ねらい 2つのボールで同時にパス交換する

Menu 059 コーディネーションパスの基本ドリル

》主にねらう能力

難易度 ★★★★☆
回数 16回

やり方

1. 2人1組でそれぞれが一つずつボールを持ち、3～5メートルくらい離れる
2. 下記3パターンのように、自分のボールでパスを出した後、すぐにパートナーから出されたボールをキャッチする

【片手パス&キャッチ】 2人が同時に、片手でパスを出したら、逆の手でパスをキャッチする。その動作を繰り返し、逆の手でも行う

? なぜ必要?

コーディネーショントレーニングにもなる

左右両手によるパスのスキルを高めるのに加え、シュート、ドリブルにも通じるボールハンドリングの向上にもつながる。また、運動能力を高める「コーディネーショントレーニング」にも相当し、練習や試合前のウォーミングアップとしても効果的なメニューである。

【ボール持ち替えパス】

2人が同時に、右手でパスを出したら、左手でキャッチして、再度右手に持ち替えてパスを出す。逆の手でも行う

Level UP!
スピードを上げよう

ゆっくり正確に行うだけでなく、失敗を恐れず積極的にスピードアップして挑戦してみよう。それによってお互いの息が合うようになってくる。

【チェストパス&バウンドパス】

1人がチェストパスを出すと同時に、もう1人がバウンドパスを出す。パスの種類を交代して行う

パス

ねらい
ボールの数を増やし、楽しみながら運動能力を伸ばす

Menu 060 コーディネーションパスの応用ドリル

》主にねらう能力

難易度 ★★★★★
回数 10回

やり方

1. 2人1組でボールを3つ、または4つを用意して、3～5メートルくらい離れる
2. 下記2パターンのように、自分のボールをパスした後、すぐにパートナーから出されたボールをキャッチする

【3（スリー）ボールパス】

1人が2つのボールを、もう1人が1つのボールを持つ。同時にパスを出し、2つのボールを持っていた選手は、持ち続けているボールを逆の手に持ち替えてキャッチする。時間や本数を決めて、2つのボールを持つ役目を交代する。

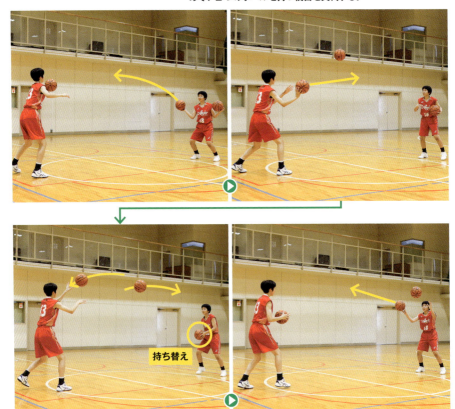

持ち替え

なぜ必要?

楽しみながらも、相手の動きを把握して判断力を磨くトレーニングになる

この練習メニューは、運動能力を高める「コーディネーショントレーニング」に相当し、楽しみながら行うことも大切なメニューだ。パートナーが出したボールの動きを把握しながら、自分の左右の手をどう動かせばいいかの判断力も同時に養うことができる。

【4（フォー）ボールパス】

2人がそれぞれ2つずつのボールを持ち、同時に同じ手でパスを出す。その直後、持ち続けているボールを逆の手に持ち替えて、パートナーから出されたパスをキャッチする。

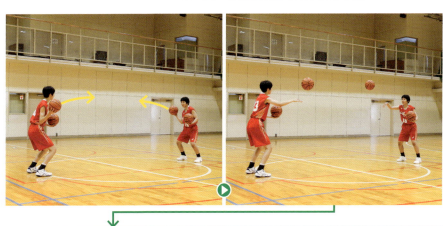

持ち替え

column 3 シュート練習や5対5の中で正確なパスを

　P130で紹介した、ボールを2つ使うコーディネーションパスも含めて、練習方法をいろいろとアレンジすることができる。たとえば、2人が1つずつボールを持ち、お互いがパスをキャッチしたら、同時にフロアにボールをついてからパス交換をしたり、写真のように、レッグスルーをしてからパス交換するような練習も効果的だ。

　このようにパス練習とドリブル練習を組み合わせながら、練習方法をいろいろとアレンジすることができる。しかしながら、大事な試合が近づいていたり、限られた練習時間の中では、なかなかパス練習に時間を割けないものだろう。シュート練習や5対5などの実戦形式の練習を優先的に進めざるを得ないからだ。

　そこで大切なのは、パス練習でパスのスキルを磨くというより、シュート練習や5対5の中で正確なパスを強く意識することだ。そして試合期から離れている時に、パスの基本練習を見直すといった練習の進め方をお勧めする。

第7章
チームオフェンス

ここまでで覚えた個人での技術をベースに、複数人が絡んで攻撃を組み立てる「チームオフェンス」の基本を身につけていこう。

チームオフェンス

「ミドルライン」のほうから走り込むパターンを増やす

Menu **061** ギブアンドゴーの基本ドリル

≫主にねらう能力

難易度 ★★★★☆
時　間 3分

やり方

1. P138と同様に、ウイングAからローポストBにパスを入れる
2. ミドルライン方向から走り込み、チームオフェンスを展開する
3. 下記3種類のチームオフェンスを備えておく

【ミドルラインに走り込んでパスを受ける】

ローポストでパスを受けたボールマンBはゴールに体を向け、ウイングから走り込むAがゴール下に達したらパスしてシュートチャンスをつくる

? なぜ必要？

ミドルライン方向に走り込む

パスを出して走りながらチャンスメークするチームオフェンスは「ギブアンドゴー」と呼ばれる。ここでは、ベースライン方向に走り込むチームオフェンスを相手ディフェンスに警戒されている場合を想定して、コートの中央側「ミドルライン」方向に走り込むパターンをまず備えよう。

【ミドルラインに走り込んでポストアップする】
ウイングからの走り込みに対して相手ディフェンスが対応してきたら、Aがポストアップして（ディフェンスを背にして）パスを受けて攻撃を展開する

【ミドルラインに走り込むふりをしてハンドオフする】
Aがミドルライン方向から攻撃するふりをして、Bとハンドオフプレーを行い、シュートチャンスをつくるなど相手ディフェンスと駆け引きすることがポイント

チームオフェンス

ハンドオフプレーをベースにチームオフェンスを組み立てる

Menu **062** ギブアンドゴーの応用ドリル①

》主にねらう能力

難易度 ★★★★☆
時　間 3分

やり方

1. ウイングとローポストでそれぞれ1対1の状況をつくり、ボールマンがトップにポジションをとる
2. トップの選手がウイングの選手Ⓐにパスする
3. パスを受けたⒶがローポストの選手Ⓑにパスを入れる
4. ⒶがⒷから手渡しパスを受けてシュートまで持ち込む
5. ディフェンスは最初ダミーで行い、少しずつプレッシャーを強めていく

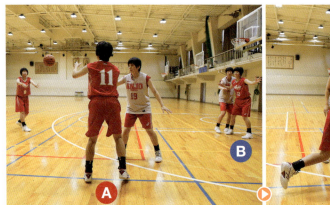

❓ なぜ必要？

ボールをゴールに近づけるために「インライン」を縮めていく

ボールとゴールとを結んだ架空のラインは「インライン」と呼ばれている。その**インラインを縮めていく、すなわちボールをゴールに近づけていく**ことで、確率がより高いシュートチャンスを生み出すことが可能だ。そうした攻撃パターンをチームとして備えておくことが大切。

Extra

ディフェンスの視野を限定する効果がある

このようにボールをゴールに近づけることによって、ディフェンスの視野は限定され、死角が生まれる。そうしてその他の攻撃バリエーションが活かされる。

⚠️ ポイント

「ハンドオフ」を備えよう

写真のような手渡しパスのプレーを「ハンドオフ」と言う。これはスクリーンプレーの一つで、手渡しパスを行うポストマン❸がスクリーナーとなり、ウイングから走り込む❹がユーザーとなる。つまりローポストの❸は、ウイングのディフェンスの動きを食い止めることで、ハンドオフから❹のシュートチャンスが生まれるわけである。

チームオフェンス

ベースラインのほうから走り込むパターンを増やす

Menu **063** ギブアンドゴーの応用ドリル②

≫主にねらう能力

難易度 ★★★★☆
時間 3分

やり方

1. P138と同様に、ウイングAからローポストBにパスを入れる
2. Aがベースライン方向から走り込み、Bがハンドオフできなかった状況を想定する
3. 下記3種類のチームオフェンスからシュートに持ち込む

【通過した後にパスを出す】

ハンドオフしなかったボールマンBはフロントターンを踏み、ゴールに体を向ける。ウイングから走り込んだAが通過し、ゴール下に達したらパスしてシュートチャンスをつくる

❓ なぜ必要？
ハンドオフできない時のために

ウイングのディフェンスがハンドオフさせないように、しっかりと対応してきた時を想定して攻撃バリエーションを用意しておく。

【スクリーナーがドリブルする】

Ⓑがハンドオフするふりをしてフロントターンを踏み、そのままドリブルに移行してシュートチャンスをつくる

【スクリーナーがリバースターン】

スクリーナーⒷがリバースターンを踏み、そのままジャンプシュートを打つか、ドリブルに移行してシュートチャンスをつくる。このようなインサイドプレーは第4章（P71）のスキルを活かしてほしい

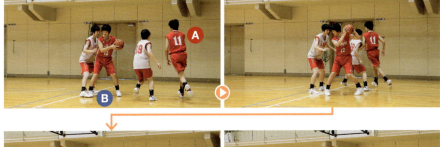

チームオフェンス

選手が動き、ボールを動かしてチャンスメークする

ねらい

Menu 064　3対0スクリーンプレーのドリル①
（アラウンド～アウェイにパラレルスクリーン）

▶主にねらう能力

難易度 ★★★★☆
時間 3分

やり方
1. トップの選手Ⓐが右ウイングの選手Ⓑにパスを出し、左ウイングの選手Ⓒも動き出すタイミングを計る
2. ⒶがⒷから手渡しでリターンパスを受け、Ⓒがスクリーンをセットする
3. そのスクリーンを使ってⒷがボールマンから離れる動きをする
4. フリーのスペースでⒷがⒶからパスを受けてシュートに持ち込む

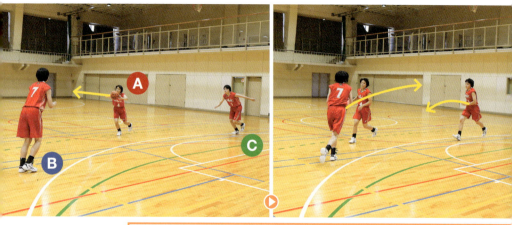

142

⚠️ ポイント
ズレをつくる意識を持つ

スクリーンプレーを有効に使って、相手ディフェンスとのズレをつくる。写真のように、ⒶがⒷからリターンパスを受ける際、Ⓑがスクリーナーの役割を果たすことによって、Ⓐのディフェンスは対応が難しくなる。さらにⒸのスクリーンを使いながらボールマンから離れるⒷのような動きは「パラレル（※平行という意味）」と言う。つまりスクリーナーⒸと、ユーザーⒷによるパラレルスクリーンのプレーである。

Extra
味方の選択肢を増やすように

パラレルスクリーンをセットしたⒸは、ユーザーのⒷが通過した後、ゴール方向にポジションをとる。それによってⒶからのパスを受けてゴール下からのシュートを打てるかもしれない。==たとえパスが来なくても、オフェンスリバウンドに入りやすくなる==。

❓ なぜ必要？
選手が動くことでチャンスをつくる

選手とボールが止まった状態では、ノーマークのシュートチャンスが生まれにくい。特に身長が低いチームは、選手が動き、ボールを動かしてチャンスメークする必要がある。

❌ ここに注意！
常にシュートをねらう

このようなチームオフェンスを展開する中で、シュートをねらわないと相手ディフェンスにとっては怖くない。いつでもシュートをねらう姿勢をとることで、ディフェンスも対応しづらくなる。

◀この一連の流れは、アラウンド～アウェイにパラレルスクリーンだ

チームオフェンス

ポストマンがポジションをとった陣型から開始する

ねらい

Menu **065**　3対0スクリーンプレーのドリル②
（アラウンド〜ダイブにバックスクリーン）

》主にねらう能力

難易度　★★★★☆
時間　3分

やり方

1. トップの選手Ⓐが右ウイングの選手Ⓑにパスを出し、ローポストの選手Ⓒも動き出すタイミングを計る
2. P142と同様、ⒶがⒷから手渡しでリターンパスを受ける
3. Ⓒがバックスクリーンをセットし、そのスクリーンを使ってⒷがゴール方向に走り込む
4. ゴール下でⒷがⒶからパスを受けてシュートに持ち込む

❓なぜ必要？

高さを使えないときに有効

高さがあるポストマンであれば、ゴール下にポジションをとってパスを受け、得点できる確率が高い。しかしディフェンスのほうが大きく、パスを受けられない場合には、ポストマンも動いてチームオフェンスを展開することによってチャンスが生まれる。

❌ ここに注意！

オフェンスファウルに注意

バックスクリーンをセットする際に、ディフェンスの背中を押すようにセットするとオフェンス（攻撃側の）ファウルをとられるので注意しよう。

❗ ポイント

「バックスクリーン」を使う

写真の選手❻のように、ベースラインからセンターライン方向に体を向けるスクリーンを「バックスクリーン」と言う。これはディフェンスの背後からスクリーンをセットする格好となり、ユーザー（写真では選手❸）をゴール下に走り込ませるのに効果的だ。

📄 Extra

ボールサイドでポストアップする攻撃

バックスクリーンを使ってからの走り込み方として、逆サイドでパスを受けるのに加え、ボールサイドでポストアップする方法もある。特にミスマッチが生じて、相手ディフェンスの身長が低い場合などは有効なので、プレーの選択肢の一つとして備えておこう。

◀ この一連の流れは、アラウンド～ダイブにバックスクリーンだ

チームオフェンス

ねらい 3人による攻撃バリエーションを増やしていく

Menu 066 3対0スクリーンプレーのドリル③
（アラウンド〜リピック＆ダイブにバックスクリーン）

» 主にねらう能力

難易度 ★★★★☆
時間 3分

やり方

1. P142、またはP144のように3人がポジションをとる
2. 下記2種類のチームオフェンスを展開する

【アラウンド〜リピック〜バックスクリーン】

トップからパスを出したⒶがⒷからリターンパスを受けた後、ハンドオフでスクリーンをかけたⒷが再度スクリーンをかける（リピック）。そのタイミングに合わせてポストマンのⒸがバックスクリーンをセット。そのスクリーンを使ってⒷがゴール方向に走り込んでパスを受ける。

なぜ必要？

バリエーションを増やす

一つのチームオフェンスに対して**相手ディフェンスが対応してきた時、別の攻撃バリエーションを備えておく**ことにより、チームオフェンスを連動して展開することができる。

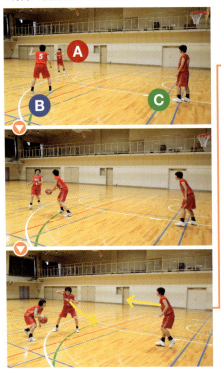

【ピック&アウェイにパラレルスクリーン】

トップのボールマン🅐は、左ウイング🅒がセットするスクリーンを使ってドリブル。さらにスクリーナーだった🅒は、🅑がセットしたスクリーンを使って右サイドに移動する。このようにスクリーナーのためにスクリーンをセットするプレーは「スクリーナーズスクリーン」と呼ばれている。ボールマン🅐は、🅒か🅑にパスしてシュートチャンスをつくる。

Level UP!
サインを決めておこう

試合でチームオフェンスをスムーズに展開できるように、サインを決めて連係を深めることが大切だ。「スクリーナーズスクリーン」のプレーで見てみよう。

▲スクリーンをセットしてほしいポジションを指差す

▲たとえば、グーのサインでスクリーンの後、逆サイドに動くことを知らせる

◀たとえば、親指を出すサインでスクリーンの後、ゴール方向に走り込むことを知らせる

チームオフェンス

ねらい
コートを広く使って
チームオフェンスを機能させる

Menu **067** オールコートの3対0スクリーン
プレードリル（ピック＆ダイブにバックスクリーン）

≫主にねらう能力

難易度 ★★★★★
時間 3分

やり方
1. Ⓒは先行して走りフロントコートに入り、ボールマンⒶがドリブルでボールを運びながらⒷとクロスする
2. Ⓒがセンターライン付近でバックスクリーンをセットする
3. そのスクリーンをⒷが使ってゴール方向に走り込みながらⒶからパスを受ける

❓ なぜ必要？

コートを広く使って、素早く仕掛ける

ボール運びをしている段階で早く仕掛けることによって、相手ディフェンスは陣型を整えていないだけに攻撃しやすい。また、コートを広く使うことができ、スペースをつくりやすいというメリットもある。

❗ ポイント

味方をよく見てタイミングを合わせよう

クロスする🅱は、🅰をマークするディフェンスの動きを邪魔することも意識すること。そしてその動きにタイミングを合わせて、🅲がスクリーンをセットすることが大切だ。

Extra

ハーフコートへの移行

🅰から🅲へのパスが入らない状況も想定しておく。たとえば写真のように、🅰から🅱にハンドオフ。そして🅰は、🅲がセットするスクリーンを使って逆サイドに移動する。

ボールマン🅱は🅰か、もしくはゴール方向に走り込む🅲にパスを出してシュートチャンスをつくれるようにしておこう。

チームオフェンス

ボールサイドカットの動きに対して確実にパスを出す

Menu **068** ペイントエリアの2対2

》主にねらう能力

難易度 ★★★★★
回数 10回

やり方

1. 制限区域付近で2対2の状況をつくり、1人がボールを持つ（※制限区域のラインを踏んでもOK）
2. チームメートにパスを出したら、ボールサイドカットしてパスを受ける
3. 最初はダミーディフェンスで行い、少しずつプレッシャーを強めていく

? なぜ必要？

素早い動き出しを意識

パスを出した後、すぐにまたリターンパスを受けられるポジションをとれるような素早い動き出し、および判断力を養う。

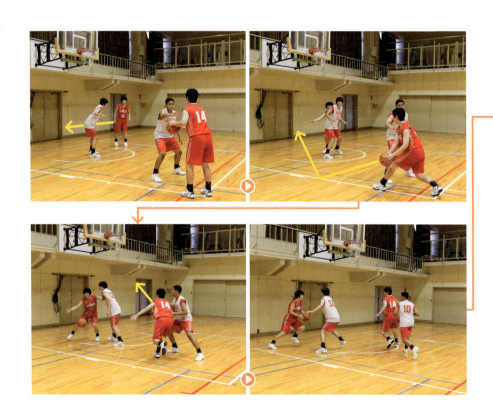

ポイント 一歩目が大切

パスを出す動作を動き出す一歩目にすることによって相手ディフェンスを振り切ることができる。ただし制限区域という狭いエリアに限定して行うことにより、攻防のコンタクトプレーが生まれる。そうした相手とのぶつかり合いに負けず、しっかりとポジションを確保することがポイントだ。

Extra
ポストアップの時に相手の背後に体を滑り込ませる

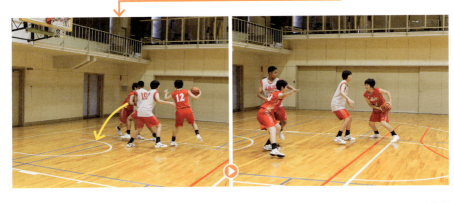

チームオフェンス

ボール運びをスムーズに行い、攻撃に連続性・連動性を持たせる

ねらい

Menu **069** オールコートの2対2

≫主にねらう能力

難易度 ★★★★★
回数 2回

やり方

1. バックコートで2対2の状況をつくり、攻撃の1人がボールを持つ
2. ボールマンがボール運びをスムーズに行えるように、オンボールスクリーン（3種類）や1stセンターを使う
3. ハーフコートで2対2の攻防を行う

なぜ必要？

オフェンスの連動性を生み出す

ボール運びをスムーズに行うことによって、チームオフェンスに連続性・連動性が生まれる。ボールマンだけでなく他のチームメートもボール運びに参加する意識を高める。

ポイント
相手のプレッシャーからリリース

ボールマンとディフェンスを完全に1対1の状態にすると、プレッシャーをかけられて時間がかかってしまう。そこで<u>他の選手がクロスしながら走り、プレッシャーリリースする</u>。ボールマンはプレッシャーが緩くなることで素早くボールを運べ、まわりを見る余裕が生まれる。

ポイント
3種類のオンボールスクリーン

オンボールスクリーンとは、ボールがあるところでのスクリーンプレーで3種類ある。1つめはボールとゴールの内側で行うインサイドスクリーン。2つめ、3つめはボールとゴールの外側で行うアウトサイドスクリーンで、アラウンドのスクリーンとドリブルスクリーンがある。

Extra
1度のクロスでコートを広く使うのも良い

ディフェンスのプレッシャーをリリースできているにもかかわらず、何度もクロスするとかえって攻撃が遅くなってしまう。そこで1度なのか2度なのか、クロスする回数を正しく判断する。1度のクロスでゴール方向に走ることによってコートを広くとって攻撃を展開することができる。

チームオフェンス

4対3から4対4に移行する トランジション練習

ねらい

Menu 070 リトリート4対4

≫主にねらう能力
スキル / アジリティ / フィジカル / チームワーク / ディフェンス

難易度 ★★★★★

やり方

1. 攻撃4人がベースライン上に並び、ディフェンス4人はフリースローライン、およびその延長線上にポジションをとる
2. トップからコーチがボールを攻撃の1人にパスしたら攻撃を開始するが、その選手をマークするディフェンス1人はベースラインにタッチしてから自陣に戻る
3. 攻撃陣は4対3の状態のうちに仕掛けるように心掛ける

❓ なぜ必要?

攻撃と守備の人数の差を考慮して、それぞれプレーする

攻撃は、4対3のアウトナンバー（数的有利）の状態を活かせるようにする。逆にディフェンスは3対4の状態でも攻撃にシュートを打たせず、相手に時間をかけさせるように的確なポジションをとり、適度なプレッシャーをかけられるようにする。

❗ ポイント

三角形を形成することを意識する

攻撃はトライアングル（三角形）を2つつくれるようなポジショニングを心掛け、1対1だけでなくプレーの選択肢を広げておくことがポイント。一方のディフェンスはボールラインを下げさせず（ゴールに近づかせず）、難しいシュートを打たせてディフェンスリバウンドを確保する。また、身長が最も高い選手が、1stセンターになると良い。

ベースラインにタッチ

チームオフェンス

アングルを変えてポストマンにパスできるようにする

Menu **071** ポストフィード

≫主にねらう能力

難易度 ★★★★☆
時間 3分

やり方

1. ウイングとローポストでそれぞれ1対1の状況をつくり、ウイングの選手Ⓐがボールを持つ
2. ウイングからパスが入らない場合には、トップ方向にドリブルする
3. パスのアングルを変え、ポストマンⒷにパスを出し、シュートを打たせる

❓ なぜ必要？

パスの角度を変える

相手ディフェンスがわかるタイミングでポストマンにパスを出そうとすると、ボールを取られる危険性が高いし対応されやすい。そこでドリブルをしてパスのアングル（角度）を変えることによって安全にパスが出せ、しかもポストマンにとって1対1をしやすい状況が生まれる。

❗ ポイント

ポジションをとり直す

ポストマンはウイングからのパスが出されないからといって集中力を切らさないこと。ボールマンがドリブルしている間に、ポジションをとり直し、いつでもパスを受けられる体勢を整えておこう。

第8章
トレーニングの工夫

技術や戦術だけではなく、トレーニングで"体"も鍛えることは大切。
器具などを使って工夫を凝らし、
より効果的なトレーニングとなる方法を紹介する。

トレーニングの工夫

ねらい 器具を利用して効率よくトレーニングを進める

Menu 072 トレーニング器具のいろいろ

≫主にねらう能力

難易度 ★★★☆☆

やり方

1. 各トレーニング器具の特徴を理解して、練習の前後、または入浴の前後などの時間を利用して毎日、短時間、継続して行う

なぜ必要？

強さだけじゃなく柔軟性も

体力面を向上させることによって、練習で培った技術のレベルを引き上げることができる。ただし重い器具を持ち上げるだけでなく、柔軟性などにも目を向け、けがの予防にもつなげる。

【ストレッチボード】

ストレッチボードの上にシューズを脱いでのり、腰を左右にひねってから前屈する。これによって体の背面、特に腰から下、ハムストリング（大腿部の裏）やふくらはぎの柔軟性を高めることができ、けがの予防につながる。毎日10回×3セット程度行う。

【ケアディスク】

ケアディスクの上に座り、あぐらをかく。==前後左右に体を揺らして、骨盤を安定させることによって==股関節の柔軟性なども高まり、攻防の姿勢がしっかりとれるようになるだけでなく、けがも予防できる。毎日3分程度行う。

【バランスディスク】

片足をバランスディスクにのせて体を安定させる。これによって==体幹が鍛えられ、ボディバランスが向上する==。左右の足、それぞれ30秒ずつ行う。

Level UP!
長時間行うよりも、毎日継続して行うことが大切

各種トレーニングに共通して言えるのは、慣れてきたら回数や秒数、およびセット数を増やすことによって効果が期待できる。しかしながら、==長時間行うことより毎日継続することが大事==である。空いている時間を上手に使って、次のページから紹介するトレーニングを安全面にも考慮して行ってみよう。

トレーニングの工夫

肩関節をほぐしながら、体の疲れを和らげる

ねらい

Menu **073** ストレッチポール

≫主にねらう能力

難易度 ★★★☆☆
回数 各10回

やり方

1. ストレッチポールに背筋をつけて体を安定させ、仰向けになる
2. 肩甲骨のあたりを意識し、下記のように上半身を動かす
3. 練習後に数分、毎日継続して行う

？ なぜ必要？

肩関節の可動域を広げる

肩甲骨のあたりを動かすことによって、上半身の疲れが残らないようにほぐすことができる。また、肩関節の可動域を広げる効果も期待できる。

▲両手を天井に向けた状態から、ヒジをフロアにつけるようにして腕を降ろす

▲両手を頭の上に持ってきて体を伸ばし、ヒジを体側につけるように動かす

Extra

使い方はいろいろ。ディフェンスの手に見立てるのもあり

このストレッチポールは、下半身をほぐして疲れをとる目的でも使用できるなど、使い方は多岐に渡る。私のチームでは上半身を中心に利用しているが、いろいろと工夫して利用してほしい。中には、このストレッチポールを大きなディフェンスの手と見立てて、シュート練習に使うチームもある。

ポイント

柔軟性はプレーに影響する

肩関節の柔軟性は、けがの予防になるだけではなく、さまざまなプレーに影響を与える。走るフォームやドリブルにもつながるので、必ず毎日継続して行っていこう。

▲体の前で腕をひねり、逆の手で肩を持つ。逆側も行う

▲両腕を頭の上に持ってきて、逆のヒジを持って引きつける。逆側も行う

トレーニングの工夫

負荷をかけられても、安定した姿勢をとり続ける

ねらい

Menu **074** チューブトレーニング

》主にねらう能力

難易度 ★★★☆☆
回数 10歩

やり方

1. ヒザの上にチューブを巻き、安定した姿勢をとる
2. 下記のように、パートナーに負荷をかけてもらい、前進したり、基本姿勢をとり続ける

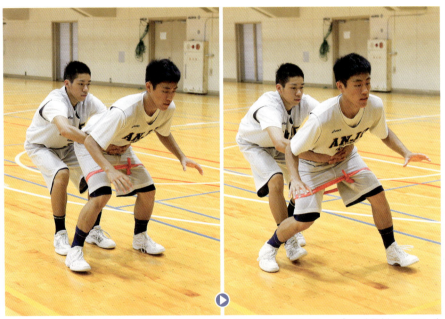

▲パートナーに体をつかんでもらい、肩幅くらいのスタンスをとり続けた状態で前進する。まずは10歩程度行ってみて、少しずつ距離を広げていく

？ なぜ必要？

安定した姿勢を身につける

脚力が弱いと、試合で疲れるとともに、基本姿勢をとることが難しくなる。また、相手とコンタクト（接触）しても、安定した姿勢をとり続けられるように負荷をかけてトレーニングしておく。

> ### ✕ ここに注意！
> **足を閉じないように**
>
> 両足を閉じてしまうと、体が不安定となり、パワーが発揮されないので注意しよう。肩幅くらいのスタンスをとり続けることを忘れないように！

Extra

基本姿勢をとることはとにかく大切

攻防に渡って、基本姿勢をとり続けることが欠かせない。攻撃面ではボールを持ってプレーしている時だけでなくボールを持ってない時にも基本姿勢をとり続けるように心掛ける。そしてディフェンスのスライドステップの精度を高めるのに加え、リバウンド時のボックスアウトにも効果を発揮する。

▲横から押されても、肩幅くらいのスタンスをとり続けたまま動かないように持ちこたえ、左右両方向から押してもらう。まずは10歩程度行ってみて、少しずつ時間を長くしていく

トレーニングの工夫

スクワットスタンスに負荷をかけ、基本姿勢や腕力を強化する

Menu 075　パワーバッグ

> ≫ 主にねらう能力
> （レーダーチャート：スキル／アジリティ／フィジカル／チームワーク／ディフェンス）
>
> 難易度　★★★☆☆
> 回　数　各8回

やり方

1. パワーバッグに砂を入れて、適度な重さに設定する
2. 下記のように、持ち上げ方を変えながらトレーニング効果を高める

▲両腕を伸ばした状態でパワーバッグを持ち、体を伸ばして引き上げる（デッドリフト）

？ なぜ必要？

前腕の強さはドリブルの強さにつながる

スクワットスタンスに負荷をかけることによって基本姿勢をとり続けられるようになる。また、パワーバッグの持ち上げ方によっては腕力を強化でき、ドリブルの強さなどにつながる。

Extra

安全にパワーアップを図れる

パワーバッグの良いところは、ダンベルなどの器具に比べて安全に行えること。そして持ち上げ方を変えることによって、いろいろな効果が期待できる。また、水を入れるタイプのパワーバッグもあり、これもまた違った刺激が加わるのでぜひ試してみてほしい。

▲肩にかついだ姿勢からジャンプして着地し、元の基本姿勢に戻る（スクワットジャンプ）

▲体と腕を伸ばした状態でパワーバッグを持ち、腕をカールさせ（巻き込み）ながら持ち上げる（アームカール）

▲体と腕を伸ばした状態でパワーバッグを持ち、ヒジを横に出して曲げながら持ち上げる（プルアップ）

▲体と腕を伸ばした状態でパワーバッグを持ち、ヒジを横に出して曲げながらジャンプして持ち上げる（ハイクリーン）

column 4 鏡を有効に使ってフォームをチェックしよう

　このようなトレーニングを効率的に、しかも安全に行う上で大事なことの一つは「フォーム」である。トレーニング開始時に監督や専門トレーナーから正しいフォームを指導されても、その後、選手だけで行うとどうしても、ノルマをこなすことだけを考えてしまいがちだからだ。

　そこで利用してほしいのが、体育館などに取り付けられている鏡である。鏡にトレーニングしている自分自身の姿を映し出すことによって、正しいフォームを意識することができる。鏡がない場合にはガラスに映し出すか、またはチームメートに見てもらいながら、トレーニングのフォームが崩れないように気を付けてほしい。

　ところでトレーニングだけでなく、シュートフォームを確認する上でも鏡を有効に使うことができるのはP34で触れたとおりだ。自分では正しいフォームでシュートを打っているつもりでも、いつの間にかフォームが崩れてしまっている場合があるので、鏡を有効に使って練習を効率よく進められるように心掛けよう。

第9章
練習計画の立て方

ここまで、さまざまな練習メニューを紹介してきた。では、いったいそれをどのように組み合わせて個人技・チーム力を高めていくのか？
ここでは安城学園高校の年間スケジュールを例にとって、練習計画の立て方を紹介していく。

ポイント1　目標となる試合から逆算する

今回紹介した練習メニューを実際にみなさんのチーム練習に取り入れる上でまず配慮してほしいことは、大事な大会および試合までにどのような選手、チームになっていたいか考えることです。対戦しそうな相手が決まっているなら、その特徴も踏まえて練習メニューを選択する。すなわち目標となる試合から逆算してその日の練習メニューを組み立てるわけです。

下の表を見てください。高校生にとっての大事な大会と聞くと、夏のインターハイ（高校総合体育大会）や、冬のウインターカップ（全国高校選抜優勝大会）をイメージされるかもしれません。もちろん新チームをつくり始めた時期にインターハイやウインターカップをにらみ、長期展望に立つことは大切です。しかし現実的には、目の前の大会で勝つことが目標となります。つまり新チームにとってはやはり、新人大会で接戦が予想される試合をどう乗り越えるか、そこから逆算して練習計画を立てることになります。

特に高校生はその後も大会が続きます。地区大会、都道府県大会、そして勝ち上がると各ブロック大会への出場権が得られます。そうしたいくつかの大会で自分たちができる限りの戦いをすることによって、その後の大会でシードされるなど、

● バスケットボール界の1年の流れ

※開催時期は目安です。地域、年度によって変わる場合があります

	1月	2月	3月	4月	5月	6月
★高校生の大会★	【高校生以上】新人大会（地区・県）全日本総合選手権（オールジャパン）	新人ブロック大会（県）			インターハイ予選（地区）	ブロック大会／インターハイ予選（県）
★高校生以外の大会★			【中学生】ジュニアオールスター	【小学生】全国ミニバスケットボール大会		
	Bリーグ（男子プロリーグ） →					
	Wリーグ（女子トップリーグ） →					

==アドバンテージを握ることができる==。そうした積み重ねが高校生で言えば、インターハイやウインターカップといったメインイベントへの出場につながっていくわけです。

中学生にとっては、表の下段に記したように全国中学校大会が、小学生にとっては全国ミニバスケットボール大会を目標とするチームが多いと思います。その大会への出場がかなうように、まずは目の前の大会で自分たちの力を発揮できるように逆算して、練習計画を立てるようにしましょう。

チームを強化する一方で、もう一つの視点として==個々の向上==というテーマがあります。たとえば高校生で言えば国民体育大会、中学生で言えばジュニアオールスターは基本的に、各都道府県の選抜選手の間で競われます。つまり==チームとして全国大会になかなか出られなくても、自分の力を全国大会で発揮できるチャンスはある==ということです。自分のチームを強くするためにうまくなることが大事であると同時に、==中学や高校を卒業した後も飛躍できることを見据えて、自分に必要となる練習に取り組んでほしい==と思います。

7月	8月	9月	10月	11月	12月
	高校総合体育大会（インターハイ）		高校生以上 国民体育大会	ウインターカップ予選	全国高校選抜優勝大会（ウインターカップ）
中学生 全国中学校大会予選	中学生 全国中学校大会		中学生 新人大会	大学 全日本大学選手権（インカレ）	

Bリーグ（男子プロリーグ）
Wリーグ（女子トップリーグ）

ポイント2　1週間、1日の練習リズムをつくる

■休養日を必ず設けてコンディショニング

　前ページの表のとおり、高校生のチームはさまざまな大会が行われており、ほぼ1年を通じて試合日程が組まれています。それだけに週単位で練習計画を立てて、週末の試合に良い状態で臨むためのサイクルになることが多いです。（表1）

　逆に土、日に試合がない場合は、そのぶん、通常の練習にあてることができるため、金曜日を完全休養日にするなどして調整します。（表2）

　いずれにしても心掛けているのは、けがをしないためのコンディショニングです。そのため「練習・休養・栄養」という3原則のバランスを大事にしていて、休養日を必ずつくるだけでなく、1週間のうち2日は動きの少ない軽めの練習メニューを設定するようにしています。

表1　土、日に試合がある場合

月曜日	完全休養日
火曜日	シューティングやウェートトレーニングなど動きが少ない練習
水曜日	通常の練習
木曜日	通常の練習
金曜日	シューティングおよび試合に向けての確認
土曜日	試合
日曜日	試合

表2　土、日に試合がない場合

月曜日	シューティングやウェートトレーニングなど動きが少ない練習
火曜日	通常の練習
水曜日	通常の練習
木曜日	通常の練習
金曜日	完全休養日
土曜日	通常の練習
日曜日	通常の練習

■ボールを使った練習で走り込む

「通常の練習」がどのような流れになっているかというと、1時間半練習してから、10分ハーフのゲームを行った後、各種トレーニングを行うようにしています。体育館の使用状況などによっては、学校前の公園でランニングしてから練習を開始する日もありますが、ボールを使わない走り込みは、それほど行っていません。ボールを使った練習の中で走り込んだほうが、個人技術の向上、およびチーム力アップに直結すると考えるからです。

それだけにどの程度の「ラン（走り）」が必要になる練習かについては気を配るようにしています。端的に言うと、走り込むのであればオールコートを使った練習をメインに行い、疲れがたまっているようであればハーフコートの練習メニューをメインに組み立てるということです。

■ウォーミングアップは適度に

難しいのは、試合直前のウォーミングアップです。練習で走り過ぎると、試合中に疲れてしまい、力を発揮するのが難しくなってしまいます。したがって、ランを少し抑え気味のウォーミングアップで試合に臨むようにしていますが、逆にそれが軽過ぎると、スムーズに試合へと入りにくくなるので気をつけなくてはなりません。

どの程度のウォーミングアップが適切かは選手やチームの特性によりますが、きつ過ぎず軽過ぎずの調整が不可欠です。

ポイント3　時期に見合った取り組みを

最後に、高校生のチーム作りにおいて時期ごとにどのような配慮が必要かについて触れておこうと思います。キーワードは「けが防止」です。

● 4～6月　けがに要注意の時期

新入生のけがには細心の注意が必要です。P168の表のとおり、中学生の最後の全国大会は8月です。が、その大会に出られるのはごく少数で、多くの中学生は6～7月に部活動を終え、受験期に入ります。つまり高校に入学するまでの半年間、練習をほとんど行っていない選手が多いのです。中にはクラブチームでプレーを継続している選手もいますが、いずれにしても高校に入学時の選手の体重をはじめ、体調を確認するようにしています。

それをもとに練習で無理をさせず、少しずつ負荷を高めてきます。もっと言うと試合では基本的に、5分以上プレーさせないようにしています。5分プレーしたら一度ベンチに下げ、十分に休ませてから再度起用するような采配を心掛けています。

● 7～9月　短時間で効率よい練習を

目を向けるべきはやはり「暑さ」です。熱中症はもちろんのこと、集中力が欠如しやすいだけに、けがが怖いのです。冷房が完備されているチームはそれほど気にする必要はないかもしれませんが、私のチームも含めて多くのチームにとっては、夏をどう乗り越えるかは難しい課題ではないでしょうか。

もちろんインターハイ前は、対戦相手のチームへの対策に時間をかけますが、インターハイ後の練習は短時間で切り上げています。ウォーミングアップを行った後、特にゲーム形式の練習を通じて戦術的な指導がメインとなります。

いずれにしても、真夏のハードな練習は危険ですし、非効率なので抑えめに設定したほうが賢明です。そして小まめな水分補給を忘れないようにしましょう。

● 10〜12月　実戦形式の練習を増やしてチーム力UP

下級生が伸びてくるだけに、経験を積ませながらチーム力アップを図ります。ただし実戦形式の練習を進めつつ、基本の大切さを見失わせないように気をつけなければなりません。寒い季節に走り込むチームもあるようですが、前述したとおり私のチームではボールを使った練習、特にオールコートの練習メニューで心肺機能を高めることを目指しています。

● 1〜3月　目標設定と、目標から逆算した練習を

新チーム作りです。チームとしての目標を設定するとともに、それを達成するために当面の大会にどのように臨むか、逆算しながら練習を進めます。チームの中に大きな選手がいる場合には、センターを中心としたインサイドバスケットを展開するのも手です。もしいなければ機動力を活かして、オールコートの戦い方を備える必要があるでしょう。それを5人だけでなく、6人、7人とベンチメンバーを増やしていくことによって、戦術・戦略が多彩になりますし、試合時間をシェアできるだけに体力のある状態でコートに立つことができます。そのようにチーム全体がレベルアップできるような練習にしていきましょう！

CONCLUSION
おわりに

「工夫を重ねながら、基本技術の大切さを見失うことなく練習を進めていきましょう」

　どのようにピースを組み合わせていけば、パズルが完成するかイメージはつきましたか？　どのような練習の進め方をすれば、理想とするチーム像に近づくか、ということです。みなさんにとって本書がその手助けになればうれしく思いますが、目標が高ければ高いほど、パズルを攻略する工夫は必要となるに違いありません。

　私自身、いろいろな経験を重ねて、現在の練習方法を行うに至っております。全国大会優勝を経験させてもらった高校時代。大学を卒業後、国内トップレベルでプレーさせてもらった社会人時代。そして日本代表ではキャプテンも経験させてもらいながら、バスケットボール選手としてうまくなり、チームとして強くなるノウハウを蓄積させてきました。つまり、いくつもの経験というピースを組み合わせながら練習を考え、現在のバスケットボール指導に活かしているわけです。

　でも残念ながらパズルは完成していません。なぜなら毎年選手が入れ替わり、それぞれの個性に見合った練習を組み立てる必要がありますし、目標が高くなり、相手チームが強くなるとともにまた別の練習にも目を向けることが求められるからです。

　そうした工夫を重ねながら、基本技術の大切さを見失うことなく練習を進めていく。そこに選手の成長と、チームの強化が見出せると信じています。

金子寛治

著者プロフィール

著者
金子寛治 かねこ・ひろはる

1967年11月22日生まれ。東京都出身。秋田県立能代工業高校ー筑波大。名門高校に進学し全国大会優勝に6回輝く。大学を卒業後、国内トップレベルのリーグで5回の優勝を経験。そうした実績が高く評価されて日本代表に抜擢。キャプテンを務めた時期もある。2001年に現役を引退。同年4月、安城学園高校に教員として赴任して以来、男子チームを全国大会ベスト8に牽引し、2013年のインターハイ、2015年のウインターカップでは女子チームを全国大会ベスト4に導いた実績が光る。

協力
安城学園高校バスケットボール部

デザイン／有限会社ライトハウス
　　　　　株式会社アクセス
写真／福地和男
編集／渡邉淳二
　　　木村雄大（ライトハウス）

身になる練習法
バスケットボール　ワンランクアップドリル

2017年2月28日　第1版第1刷発行
2020年1月31日　第1版第2刷発行

著　　者／金子寛治

発　行　人／池田哲雄
発　行　所／株式会社ベースボール・マガジン社
　　　　　　〒103-8482
　　　　　　東京都中央区日本橋浜町2-61-9 TIE浜町ビル
　　　　　　電話　　　03-5643-3930（販売部）
　　　　　　　　　　　03-5643-3885（出版部）
　　　　　　振替　　　00180-6-46620
　　　　　　http://www.bbm-japan.com/

印刷・製本／広研印刷株式会社

©Hiroharu Kaneko 2017
Printed in Japan
ISBN 978-4-583-11067-7 C2075

＊定価はカバーに表示してあります。
＊本書の文章、写真、図版の無断転載を禁じます。
＊本書を無断で複製する行為（コピー、スキャン、デジタルデータ化など）は、私的使用のための複製など著作権法上の限られた例外を除き、禁じられています。業務上使用する目的で上記行為を行うことは、使用範囲が内部に限られる場合であっても私的使用には該当せず、違法です。また、私的使用に該当する場合であっても、代行業者等の第三者に依頼して上記行為を行うことは違法となります。
＊落丁・乱丁が万一ございましたら、お取り替えいたします。